Dear EPIK teachers,

I hope this book will give you a better insight into Korean culture and help you adapt to your new life in Korea.

Please make an effort to forge stronger relationships with your co-workers and students, and remember to stay open-minded. I wish you good luck!

Sincerely,
President of NIIED

Ugly Koreans, Ugly Americans
어글리 코리언, 어글리 어메리컨

Cultural and behavioral differences
between Koreans and Americans

Ugly Koreans, Ugly Americans
어글리 코리언, 어글리 어메리컨

**Cultural and behavioral differences
between Koreans and Americans**

homepage:www.knowell.co.kr

Minbyoungchul Speakingworks, Inc.
7F Yoo-chang building 1305-7 Seocho-dong Seocho-gu Seoul, Korea
Printed in Korea

Ugly Koreans, Ugly Americans
어글리 코리언, 어글리 어메리컨

Cultural and behavioral differences
between Koreans and Americans

Min Byoung-chul, Ed.D.

Knowell

FOREWORD

Since *Ugly Koreans, Ugly Americans*, Cultural and Behavioral Differences between Koreans and Americans was first published in 1993, numerous reader suggestions have led to expanded editions, published in 1995, 1998, 2004 and again in 2010. Our world is continually changing and becoming more culturally interactive. I make these revisions to ensure that the book includes attributes that more accurately reflect our changing global society. With greater mutual understanding and tolerance of our cultural differences we will see many ways we can learn from each other and these differences will become benefits as and enrichments to both societies.

In 2010, the G20 summit will be held in Korea. The reason this book's title is changed to *Global Etiquette*, in the 2010 revised and expanded edition, from its original title *Ugly Koreans, Ugly Americans* is to help the readers understand and practice global etiquette through the depiction and analyses of cultural differences between Koreans and Americans.

Nevertheless, my original intention of writing this book still stands the same: There is no right or wrong in cultural differences. Each is simply different. As we learn about each other, we can gain appreciation for those differences. It is my sincere hope that this will lead to a greater understanding and harmony between not only Koreans and Americans, but between many people from various different culture, race, ethnicity and nationality.

I have seen and heard of many incidents of cultural behavior that have led to misunderstandings, especially between Koreans and Americans. These problems were mainly due to cultural differences. I have been noting these differences since I was an ESL teacher years ago at one of the city colleges in Chicago. The examples in this book come from personal experiences, from hundreds of chats I have had with Koreans and Americans, and from witnessing how Koreans and Americans interact with each other. I hope that more readers from different cultures can also relate to the parallels and contrasts of behavioral attributes that are often found in Korean and American cultures that are included in this book.

머 리 말

한국인과 미국인간의 행동과 문화차이를 조명하기 위한 본서가 1993년에 처음 출간된 이후, 수많은 독자들로부터 새로운 사례를 추가해 달라는 요청을 받아 1995년과 1998년, 2004년에 이어 2010년에도 개정증보판을 내게 되었다. 세계는 끊임없이 변하고 있고, 그 만큼이나 문화적 교류가 점차 활발해지고 있다. 이에 따라 본서를 변화하는 글로벌 사회를 반영한 사례들로 보완하여 정확도를 높였다. 문화 차이에 대한 깊은 이해와 수용을 통해 우리는 서로로부터 많은 것을 배울 수 있다는 점을 알게 될 것이며, 이는 양국 사회의 격을 높이는 데도 상호 이익이 될 것이다.

2010년에는 한국에서 G20 정상회의가 열린다. 한미양국인의 문화와 행동의 차이를 다룬 *Ugly Koreans, Ugly Americans*의 2010년 개정증보판을 출간하면서, 제목을 새롭게 글로벌 에티켓으로 변경한 것은 이 책이 G20 정상회의를 준비하는 한국인 독자들이 양국 문화차이에 근거한 글로벌 에티켓을 이해하고 익히는데 도움을 주기 위함이다.

그러나, 이 책을 집필한 본래의 의도는 여전히 변함없다. 문화적인 차이에는 옳고 그름이란 존재하지 않는다는 것이다. 그저 다를 뿐이다. 서로 상대방에 대해 알아갈 수록, 우리는 서로의 차이점에 대해 공감하게 된다. 바라건대 이 책이 한국인과 미국인 간의 이해와 화합을 도모하는 데에서 더 나아가 다양한 문화를 가진 인종과 민족, 그리고 국적의 사람들이 서로를 이해하고 화합을 이루는데 기여할 수 있었으면 한다.

필자는 특히 한국인과 미국인간에 발생한 많은 사례들을 보고 들어 왔는데, 이는 주로 한·미 양국의 문화적 차이로 인한 것들이었다. 나는 수년 전 시카고에 있는 한 시립대학에서 이민자들에게 영어를 가르칠 때부터 이러한 문화적 차이를 꾸준히 메모해왔다. 이 책에 있는 예들은 필자의 개인적 경험과 수많은 한국인, 미국인들과의 대화, 그리고 한·미 양국인의 서로에 대한 반응을 관찰한 데서 나온 것이다. 서로 다른 문화권 출신의 많은 독자들이 이 책에서 언급한 한국 문화와 미국 문화에서 자주 발견 되는 행동들에 대해 유사점과 차이점을 이해할 수 있기를 바란다.

This book, of course, does not attempt to stereotype Korean or American behaviors, and does not encompass all the subtleties of cultural behaviors. Some people may have different perspectives, or may have noticed other different patterns of behaviors that are culturally influenced. If my readers have other examples they would like to point out or share, please send them to globaletiquette@bcm.co.kr by email.

I would like to thank the following people (in alphabetical order) for their suggestions, examples, and insights; Dr. Jonathan Borden, Middle School Principal at Seoul Foreign School; Professor Ji-woong Cheong, Seoul National University; Professor Carl Dusthimer, Korea National University of Education Professor; Thomas Duvernay, Dong-guk University; Thomas Elliott, President of Dynaword, Inc.; Lenny Erickson, Director of Academic Affairs of BCM Language Centers; Dr. Charles D. Ertle, University of Maryland; Professor John Iacolacci, Chung-ang University; Ji-hyun Kim, Accounting Manager of BCM language Centers; Lynne L. Kim, English Education Broadcaster; Dr. James F. Larson, Communications Researcher; David M. Lenard, EPIK instructor; Matthew C. Macdonald, Teacher at BCM Language Centers, Professor Jeanne E. Martinelli, Pusan National University; Son-ki Mun, Educational Administrator at the 8th Army's Yongsan Educational Center; Professor Byung-soo Park, Kyung-hee University; Dr. Malcolm e. Parsley, Minister; Shane M. Peterson,; Professor J. Nevitt Reagan, Kansai Gaidai College; Susan Robinson, Director of AESL West Texas A&M University and Dr. Ray E. Weisenborn, Executive Director of the Korean-American Educational Commission. They read the manuscript for this book and offered invaluable suggestions for its improvement. Many thanks also to my fine editorial staff at BCM Publishing & Language Centers, Inc.

Min Byoung-chul, Ed.D.

Special thanks to Helen Brock, Foster Burden, Jakilynn Ladniak at K12 International Academy; Rang-kyoung Im; Hye-chul Keum; Adam Oppegaard, a Head Native English Teacher at BCM Language Center; Carl Pullein, Head Teacher at BCM Language Center; Minjung Park, Teacher at BCM Language Center; Sin-ook, Park and Seung-eun Roe for the 2010 revision.

물론 이 책은 한국인과 미국인의 행동에 대해 고정관념을 심으려고 시도하지 않았으며, 또 양국인들의 문화적인 행동에 대한 핵심 사례들을 모두 다루고 있는 것은 아니다. 어떤 분들은 필자와 다른 견해를 가지고 있을 수도 있고, 다른 사례들을 알고 있을 수도 있다. 이 책을 읽는 독자들께서 덧붙이고 싶은 사례들이 있다면 globaletiquette@bcm.co.kr 로 보내주시길 바란다.

이 책의 원고 집필과 개정에 많은 도움을 주신 어학교육 방송인 Lynne L.Kim, 민병철 어학원의 김지현 과장, 한국교원대학교의 Carl Dusthimer 교수, 동국대학교 Thomas Duvernay 교수, 의사소통 연구가 James F. Larson박사, 일본 관서외국어대학 단기 대학부 J. Nevitt Reagan 교수, 영어 강사 David M. Lenard, 미국 Texas A&M 대학 부설 AESL 어학 연구소 Susan Robinson 소장, 부산대학교 Jeanne E. Martinelli 교수, 민병철 어학원의 강사 Matthew C. Macdonald, 미8군 교육청의 문선기 행정관, 경희 대학교 박병수 교수, 서울 외국인 중학교 Jonathan Borden 교장, Maryland 대학교 Charles D. Ertle 박사, (주)다이나워드의 Thomas I. Elliott 사장, 민병철 어학원의 Lenny Erickson 외국인 교수부장, 한미교육위원단 단장 RayE. Weisenborn 박사, 중앙 대학교 John Iacolacci 교수, 서울대학교 정지웅 박사, Malcom E. Parsely 박사, 그리고 Shane M. Peterson에게 감사를 드린다. (가나다 순)

또한 민병철 어학원의 한국인, 미국인 강사 분들은 물론 민병철 어학 교육 연구소의 우수한 편집진에게 깊은 감사를 보낸다.

교육학 박사 민병철

특히, 2010년 개정증보판을 위해 힘써주신 민병철 교육그룹의 임랑경씨, 금혜철씨, 그리고 원어민 대표 강사 Helen Brock, Foster Burden, Jakilynn Ladniak, Adam Oppegaar, Carl Pullein, 박민정 강사, 박신욱씨와 노승은씨께 무한한 감사를 표한다.

차   례

Common Korean Behavior

Americans find it upsetting
or peculiar when Koreans...

일반적인
한국인의
행동

Smoking in restrooms

Many Korean smokers feel the need to smoke while in the restroom. This is especially true in tall buildings where it might be inconvenient to go outside for a "smoke break." This often makes it an unpleasant experience for non-smokers to come in and use the facilities. Recent smoking regulations in some buildings have helped curb this problem, although many still choose to ignore the signs!

공중화장실에서 흡연을 한다

많은 한국인 흡연가들은 화장실에서 담배를 피울 필요가 있다고 느 낀다. 특히, 담배를 피우며 잠시 휴식을 취하기 위해 밖으로 나가기 가 불편한 고층 빌딩에서 더욱 그러하다. 이것은 화장실을 이용하는 비흡연자들에게 불쾌한 경험을 주기도 한다. 비록, 여전히 많은 사람 들이 금연 표시를 무시하고 있지만, 빌딩내의 최근 흡연 규정이 이 러한 문제를 억제하는데 도움을 주고 있다.

Using cell phones in subways and buses

Some Koreans occasionally talk loudly, and at length, on their cell phones while riding in buses and/or subways. In America, this behavior may result in other people asking the offender to hang up.

지하철이나 버스에서 큰소리로 통화를 한다

일부 한국인들은 이따금씩 버스나 지하철 안에서 큰 소리로 오랜 시간 휴대폰 통화를 한다. 미국에서는 이러한 행동은 다른 사람들로부터 항의를 받을 수 있는 무례한 행동이다.

Pass behind people who are talking, rather than between them

Koreans refuse to pass between two people who are talking, but will instead force one of the people to step forward in order for them to pass behind them. It might make an American feel inconvenienced having to move when it would be easier for the person to just pass through. Americans would rather quickly pass through than to disturb the people by making them move.

대화하는 사람들의 사이를 지나 가기 보다 뒤로 밀치고 지나간다

한국인들은 대화하는 사람 사이를 가로질러 가는 것을 꺼려 한다. 대신에 한 사람을 앞으로 살짝 밀쳐내며 그 사람의 뒤로 지나간다. 이런 행동은 사이를 빨리 지나가는 것이 밀치고 가는 것보다 낫다고 생각하는 미국인들에게 이상하게 비추어진다. 미국인들은 대화하는 사람들을 밀쳐서 방해하는 대신 그 사이를 그냥 빨리 지나갈 것이다.

Don't hold the door for the person behind them

Americans expect people to hold the door for those behind, even if they don't know them. Most Koreans are not accustomed to doing this if the person behind is a stranger. They would, however, hold the door for their relatives, friends or guests.

뒤따라 오는 사람을 위해 문을 잡아주지 않는다

미국인들은 뒤따라 오는 사람이 모르는 사람이라고 해도 문을 잡아 주는 것이 보통이다. 한국인들은 뒷사람이 자신과 관계없는 사람일 경우 대개 그렇게 하지 않는다. 그러나, 뒷사람이 자신의 친척, 친 구 또는 손님일 경우 문을 잡고 기다려준다.

Bump into others in a crowd

Korean cities are overcrowded and people do, at times, bump into one another. Koreans think that this is inevitable and no one seems to mind at all unless the contact hurts. Americans, on the other hand, find this form of bodily contact with strangers to be irritating since they are accustomed to maintaining their own "personal space" in public places.

사람들이 많은 곳에서 부딪치고 지나간다

한국의 도시는 너무 복잡해서 사람들이 서로 부딪치는 경우가 있다. 한국인들은 이것이 불가피하다고 생각하며 이러한 접촉으로 다치지 않는다면 아무도 신경 쓰지 않는 것 같다. 반면에 낯선 사람과의 이런 신체 접촉은 미국인들을 짜증나게 한다. 미국인들은 공공장소에서 자신의 "개인적인 공간"을 지키려고 하기 때문이다.

Don't say "Excuse me," or "I'm sorry" often enough

Koreans are not accustomed to revealing their feelings to others. They rely on facial expressions to convey their feelings. In a crowded subway, however, if you happen to step on an American's foot and try to apologize with your eyes, he will not understand and will feel offended. It is better to apologize to an American by saying, "I'm sorry." In the U.S., apologies are always expressed verbally and it is considered rude when one does not do so.

"실례합니다." "미안합니다."라고 말하지 않는다

한국인들은 다른 사람에게 자신의 감정을 표현하는데 서툴다. 그들은 얼굴 표정으로 감정을 표현한다. 그러나 복잡한 전철에서 어쩌다 미국인의 발을 밟고 눈으로 사과의 뜻을 전하려 한다면, 그 미국인은 이해하지 못할 뿐더러 불쾌하게 생각할 것이다. 미국인에게는 "미안합니다."라는 말로 사과하는 게 좋다. 미국에서 사과는 항상 말로 표현되어져야 하며 그렇지 않으면 무례한 것으로 여겨진다.

Grab at someone's clothes to get their attention

It is not uncommon for Koreans to touch or grab your sleeve to get your attention, instead of saying "Excuse me." This is irritating to most Americans and is normally considered to be very rude.

주의를 끌기 위해 옷자락을 잡아끈다

한국인들은 주의를 끌기 위해 "실례합니다."라고 말하는 대신, 옷소매를 만지거나 잡아끄는 일이 흔하다. 이런 행동은 미국인들에게는 짜증나는 일이며 보통 매우 무례하게 여겨진다.

Slap the person they are talking to

When Koreans talk about something funny, many will slap the other person on the shoulder or arm. Even though some Americans behave in a similar way, many Americans find this annoying.

대화 도중 상대방을 가볍게 친다

한국인들은 우스운 이야기를 하다가 상대방의 어깨나 팔을 치곤 한다. 일부 미국인들은 이와 비슷한 행동을 취하지만 대다수의 미국인들은 이런 행동을 불쾌하게 생각한다.

Avoid eye contact during a conversation

Koreans tend to regard it as impolite to stare directly at someone, especially at someone who is older. For example, when a Korean student is being scolded by his teacher, he will look down to show he knows he has misbehaved. To Americans, however, avoiding eye contact implies lack of interest, respect or honesty. They see it as a signal that the other person is refusing to listen or simply is not interested in what the speaker is saying.

대화 중에 상대방의 눈을 쳐다보지 않는다

한국인들은 상대방, 특히 연장자를 똑바로 쳐다보는 것이 실례라고 생각한다. 예를 들어, 한국 학생이 선생님으로부터 꾸중을 들을 때 학생은 잘못을 인정한다는 뜻으로 시선을 아래로 떨군다. 그러나, 미국인들에게 있어서 시선을 피하는 것은 관심이나 존경심, 또는 정직성의 결여를 의미한다. 그것은 상대방의 이야기에 귀를 기울이지 않거나, 상대방이 하는 말에 관심이 없다는 뜻으로 이해된다.

Women cover their mouths when they laugh

This common gesture is viewed by Koreans as a sign of good breeding. A polite Korean woman should not laugh loudly and openly. Unfortunately, Americans encountering this behavior would most likely feel that the woman is laughing at them while trying to hide her amusement.

여자들이 웃을 때 손으로 입을 가린다

한국인들은 이것을 교양있는 행동으로 받아들인다. 예의바른 한국 여성이라면 입을 크게 벌리고 시끄럽게 웃어서는 안된다. 그러나 미국인들은 입을 가리고 웃는 여성을 보면, 그 여자가 재미있다는 듯이 몰래 자신을 비웃고 있을 거라고 생각한다.

Suck air between their teeth

This hissing sound is sometimes heard in response to a question. Americans may interpret it as meaning "Oh, no!" and feel that their simple request has caused a serious problem. In Korea, however, it is often used to indicate hesitation, somewhat like the English "Uh...," or "Let's see...," showing that the person is thinking of how to respond.

이 사이로 공기를 빨아들인다

이런 "쓰"하는 소리는 질문에 대한 대답으로 들리는 경우가 있다. 미국인들은 이것을 "맙소사!"의 뜻으로 해석해서 자신의 간단한 부탁이 뭔가 심각한 문제를 일으켰다고 생각할 수 있다. 그러나, 한국에서 이 소리는 영어의 "어…"나 "뭐랄까" 정도의 뜻으로 주저함을 나타내며, 어떻게 대답할지 생각하고 있음을 보여주는 행동이다.

Men shake hands too long or too limply

Between men, a handshake that lasts too long may make an American feel uncomfortable while it is perfectly acceptable to a Korean. Americans are taught that a firm, but brief handshake indicates sincerity and self-confidence, while a limp handshake gives the opposite impression. On the other hand, Americans do not consider a long or limp handshake from a woman to be a negative thing.

악수를 너무 오래 하거나 힘없이 한다

남성들끼리 너무 길게 악수하는 것은 한국인에게는 괜찮을지라도 미국인들을 불편하게 한다. 미국인들은 힘있고 짧은 악수는 정직과 신뢰를 나타내지만, 힘없는 악수는 정반대의 인상을 준다고 배운다. 반면, 미국인들은 여성으로부터 길거나 가벼운 악수를 받는 것을 부정적으로 여기지 않는다.

Sniffle continually instead of blowing their noses

Most Koreans don't blow their noses in public, considering it rude to do so. During winter in Korea, when many people have colds, a crowded room, bus or subway may become a symphony of snifflers. This sound is somewhat unpleasant to Americans, who prefer to blow their noses once and be done with it.

코를 풀어버리지 않고 계속 훌쩍거린다

대개의 한국인들은 사람들 앞에서 코를 푸는 것을 예의 없다고 생각하여 그렇게 하지 않는다. 감기에 많이 걸리는 겨울철에 사람들로 붐비는 방이나 버스, 전철은 코를 훌쩍이는 소리로 어수선하다. 미국인들에게 이것은 다소 불쾌한 소리이며, 그들은 계속 훌쩍거리는 대신 시원하게 한 번 풀어버리는 것이 낫다고 생각한다.

Men clean their ears in public

While many Korean men do not think it objectionable to clean their ears in public, most Americans think it should only be done in private.

남자들이 사람들 앞에서 귀소제를 한다

많은 한국 남성들은 사람들 앞에서 귀소제하는 것을 못마땅하게 생각하지 않지만, 대개의 미국인들은 이것을 남이 안 보는 곳에서 해야 한다고 생각한다.

Smoke anywhere without considering those around them

Except in front of their elders, Korean men seem to smoke just about anywhere that the urge strikes them. It is becoming more common to find places in Korea where smoking is prohibited, but for the many Americans who do not smoke, it can be difficult to find a smoke-free environment.

주위 사람들에 아랑곳하지 않고 아무데서나 담배를 피운다

연장자 앞인 경우를 제외하면, 한국 남성들은 마음 내킬 때면 아무데서나 담배를 피우는 것 같다. 한국에서 금연장소를 찾는 것이 점차 일반화되고 있지만, 담배를 피우지 않는 많은 미국인들이 금연 장소를 찾기가 어려울 수도 있다.

Are rude to service personnel in hotels, restaurants and stores

In Korea, people in "service" positions are not treated very politely. In the U.S., though, waitresses and store clerks are not regarded as inferior, and they certainly do not consider themselves to be. Korean tourists in the U.S. who use short phrases in a commanding tone of voice are simply setting themselves up for poor service.

호텔, 식당, 상점 종업원에게 무례하다

한국에서는 서비스 직종에 있는 사람들이 그리 정중한 대접을 받지 못한다. 미국에서는 식당 종업원이나 상점 점원들이 열등하다고 간주되지 않으며, 그들 스스로도 그렇게 생각하지 않는다. 미국에서 명령조의 짧은 표현을 사용하는 한국 관광객들은 형편없는 서비스를 받게 될 것이다.

Spit in public

On the streets in Korea, you may be surprised to see men spitting in a waste basket or even on the road. This habit is practiced by a minority of people and most Koreans do not consider it to be polite. Americans find this very disagreeable.

공공장소에서 침을 뱉는다

한국의 거리에서 쓰레기통이나 심지어 땅바닥에 침을 뱉는 사람을 보고 놀라게 될지도 모른다. 소수의 사람들이 이런 습관을 갖고 있으며 대부분의 한국인들은 이것이 예의바르다고 생각하지는 않는다. 미국인들은 이런 행동을 매우 불쾌하게 생각한다.

Eat dried squid in public

Most Koreans like to eat dried squid. It is a popular snack for Koreans, much like popcorn or potato chips for Americans. Unfortunately, most Americans find the smell of dried squid to be repulsive. When Koreans eat dried squid in a bus or on an airplane, Americans have nowhere to escape.

공공장소에서 마른 오징어를 먹는다

한국인들은 대개 마른 오징어를 즐겨 먹는다. 마른 오징어는 미국인의 팝콘이나 감자 칩과 같이 한국인에게 인기있는 간식이다. 하지만 마른 오징어 냄새는 대다수의 미국인들에게 불쾌감을 준다. 한국인들이 버스나 비행기에서 마른 오징어를 먹을 때, 미국인들은 냄새를 피할 길이 없다.

Parents let their children disturb others in public

In Korea, you can see children running around and making noise in public places, such as restaurants, airports or hotel lobbies, as if the places were playgrounds. Some parents scold them, but most are indifferent to how their children are disturbing others. In fact, most Koreans do not seem to be bothered in the least by children behaving in this manner. Americans, on the other hand, think children should be strictly controlled in public by their parents.

부모들이 공공장소에서 주위 사람들에게 폐를 끼치는 아이를 내버려둔다

한국의 식당, 공항, 호텔 로비 등 공공장소에서 마치 그곳이 놀이터라도 되는 것처럼 뛰어다니며 시끄럽게 하는 아이들을 볼 수 있다. 그런 아이들을 꾸짖는 부모도 있지만 대개의 부모들은 자신의 아이가 다른 사람들에게 불편을 끼치는 것에 무관심하다. 사실, 대부분의 한국인들은 아이들이 이런 식으로 행동하는 것에 전혀 개의치 않는 듯하다. 반면, 미국인들은 공공장소에서는 부모가 아이들을 엄격히 통제해야 한다고 생각한다.

Stare at foreigners and talk about them in their presence

Koreans are curious about how others look in relation to themselves. They are especially curious about foreigners and often comment to companions about their size or dress. This is not as common as in the past, especially in Seoul where many foreigners visit and reside. Even though no offense is intended, it makes Americans uncomfortable to be treated seemingly as an unusual animal on display at a zoo.

외국인을 빤히 쳐다보면서 면전에서 그들에 대해 이야기 한다

한국인들은 자신과 비교해서 다른 사람들의 모습은 어떨까에 대해 호기심이 많다. 그들은 특히 외국인들에 대해 관심이 많으며 그들의 몸집이나 복장에 대해 함께 있는 사람에게 얘기하는 경우가 많다. 이러한 행동은 과거만큼 흔한 일은 아니며, 특히 많은 외국인이 방문하고 거주하는 서울에서는 더욱 흔하지 않다. 불쾌감을 주려는 의도는 아닐지라도, 미국인들은 자신들이 동물원에 갇혀 있는 이상한 동물로 취급되어 불쾌감을 느낀다.

Pat a young child on the behind

Some Koreans, especially women, often touch or pat a total
stranger's child. It simply means that they think the child is
cute. Although accepted by Koreans as harmless and even
complimentary, it may be cause for concern by an American
parent.

어린아이의 엉덩이를 토닥거린다

몇몇 한국인들, 특히 한국 여성들은 전혀 모르는 사람의 아이를 건
드리거나 토닥거리는 일이 흔히 있다. 이것은 단지 아이가 귀여워서
나온 행동이다. 한국인들은 이것을 악의 없고 심지어 칭찬으로 받아
들이지만, 미국인 부모에게는 신경이 쓰이는 일이다.

Just smile as a sign of greeting

When an American says hello, some Koreans may respond with just a smile. Americans prefer to exchange verbal greetings, or, in noisy places, exchange head nods or wave their hands. They may feel slighted by receiving only a smile in return.

인사의 표시로 미소만 짓는다

일부 한국인은 미국인이 인사할 때, 그냥 미소로 응한다. 미국인은 말로 인사를 교환하는 걸 좋아하며 시끄러운 곳에서는 목례를 하거나 손을 흔든다. 상대방이 답례로 미소만 띄우면, 미국인은 무시당했다고 느낄지도 모른다.

Wear jackets indoors

Koreans usually prefer to keep their jackets on inside a restaurant or a classroom rather than taking them off like most Americans do. Americans like to feel comfortable no matter the circumstance. Americans even have an expression they use when someone wears their coat indoors. They will ask, "Why don't you take off your coat and stay a while?" It appears to Americans that the Korean person looks uncomfortable or is in a hurry and doesn't want to stay long. It might even make an American feel nervous. Americans like others around them to feel as comfortable as they feel.

실내에서도 재킷을 벗지 않는다

한국인들은 대부분 식당이나 교실 같은 실내에서 재킷을 입고 있으려 한다. 미국인들은 어떠한 상황에서건 편히 있으려 하기 때문에 웃옷을 입고 있는 사람들에게 "웃옷을 벗고 좀 머무르지 그러세요?"라고 권하는 표현을 쓴다. 재킷을 벗지 않는 행동은 그 사람이 불편하고 바빠서 오래 있고 싶어하지 않는다고 보여져 미국인을 불안하게 만든다. 미국인들은 사람들이 자신들만큼 편안하게 있기를 바라기 때문이다.

Don't stand in line when they should

Standing in line is of fundamental importance in many developed nations. When more than one person wants service, the general principle is "First come, first served." The easiest way of effecting this is by forming a line. Pushing your way to the front, when there are others who came before you, is called "butting" or "cutting" in line and is always considered very rude. Examples of situations where Americans form lines, but Koreans often don't, include: the cash register at a market, when boarding a bus and the ticket office at the bus or train station.

필요한 상황에서도 줄을 서지 않는다

줄을 서는 것은 많은 선진국에서 기본적으로 중요한 일이다. 한 사람 이상이 서비스를 원할 때는 의례적으로 먼저 온 사람이 먼저 서비스를 받는다. 선착순으로 서비스를 받는데 가장 효율적이고 용이한 방법은 줄을 서는 것이다. 먼저 온 사람들 앞에 가서 줄을 서는 것을 "끼어든다"라고 하는데, 이러한 행동은 항상 매우 무례한 것으로 여겨진다. 예를 들어, 시장에서 물건값을 계산하거나, 버스에 탑승하거나, 버스 / 기차역에서 표를 살 때 미국인들은 줄을 잘 서지만 한국인들은 그렇지 않다.

Wear white socks with a suit

An American English teacher counted 14 out of 16 male Korean students in his class wearing white socks with dark-colored suits. Americans would consider such people uncultured (country bumpkins), because they think that the color of the socks should match or complement the color of the trousers. Koreans traditionally favor wearing white colored clothing and quite a few Korean men wear white socks with dark-colored suits.

양복에 흰 양말을 신는다

어떤 미국인 영어 강사는 자신의 반에 있는 16명의 남학생 중 14명이 짙은 색 양복에 흰 양말을 신은 걸 본 적이 있다고 한다. 미국인들은 그런 사람을 촌스럽다고 여기는데, 양말 색깔은 바지색과 조화되어야 한다고 생각하기 때문이다. 한국인들은 전통적으로 흰옷을 즐겨 입으며, 상당수의 한국 남자들은 짙은 색 양복에 흰 양말을 신는다.

Wear suits on inappropriate occasions

In general, Koreans tend to "dress for the occasion" less than Americans. This can be observed at places like Sorak Mountain where one can see some Koreans dressed more appropriately for an evening out at a fine restaurant than for a day hiking mountain trails. Likewise, when attending a classical music concert one can see some young Koreans in jeans and a T-shirt.

상황에 맞지 않게 정장을 입는다

대체로 한국인들은 미국인들에 비해서 "상황에 맞는 옷차림"을 하지 않는 경향이 있다. 설악산과 같은 장소에 가보면, 일부 한국인들은 산에 오르는 복장이기보다는 밤에 멋진 식당에서 외식을 즐기기에 더욱 적합한 옷을 입고 있는 것을 볼 수 있다. 마찬가지로, 고전 음악회에 참석할 때 청바지와 티셔츠 차림을 한 몇몇 한국 젊은이들을 볼 수 있다.

Wear clothes imprinted with bizarre English words or phrases

Foreign words (especially English) are commonly printed on clothing in Korea. This is often a source of amusement or bewilderment for visiting Americans because the words are often incorrectly spelled or the phrases are meaningless. Most Koreans, however, do not usually try to read what they or others are wearing; the words or phrases are for decoration only.

잘못된 영어표현이 쓰여진 옷을 입고 다닌다

한국에서 만들어진 옷에 외국어, 특히 영어가 인쇄되는 것은 흔한 일이다. 단어가 종종 잘못 인쇄되어 있거나 어구가 의미없는 것들이기 때문에 한국을 방문하는 미국인들에게 웃음을 사거나, 그들을 당황스럽게 하기도 한다. 그러나 대부분의 한국인들은 보통 자신이나 남이 입고 있는 옷에 쓰여진 것을 읽으려 하지 않으며, 그러한 단어와 어구들은 단지 장식에 불과하다고 생각한다.

Walk around outside a hospital in hospital clothing

Many patients wearing their hospital gowns peacefully take a walk or read books outside a hospital. Americans would never walk around in public in their hospital gowns because the hospital gowns are embarrassingly unattractive. In fact, in America patients who have been admitted to a hospital are not allowed to leave the premises.

환자복을 입고 병원 밖을 걸어 다닌다

한국에서는 병원 밖에서 환자복을 입고서 한가로이 산책을 하거나 책을 읽고 있는 환자들이 많다. 미국인들은 환자복은 부끄러울 정도로 촌스럽다고 생각하기 때문에 절대로 그것을 입고 병원 밖을 걸어 다니지 않는다. 사실, 미국에서는 병원에 입원한 환자들의 바깥 출입이 통제 되어 있다.

Spending the most time at work stands for loyalty

Some Korean executives/managers think the worker who spends the most time at work is demonstrating loyalty. In addition, office workers feel that they can't leave before the boss.

직장에서 오랜 시간을 보내는 것은 충성의 표현이라고 여긴다

일부 한국의 간부나 매니저들은 사원들이 회사에서 오랜 시간을 보내는 것은 충성심을 표하는 것이라고 생각한다. 게다가 사원들은 그들의 상사보다 먼저 자리를 비울 수 없다고 느낀다.

Close their eyes at a meeting

Koreans may claim that closing their eyes helps them to concentrate, but it seems discourteous to Americans. If an American were to close his eyes during a meeting, he would only do so because he has no interest in what is being said or shown and would rather dream about being elsewhere. Young students in the U.S. caught with their eyes closed can expect a sharp rebuke from the teacher.

회의 중에 눈을 감고 있다

한국인들은 눈을 감으면 집중하는데 도움이 된다고 말할지도 모르지만 이것은 미국인들에게 아주 무례한 행동으로 보인다. 만약 미국인이 회의 도중에 눈을 감는다면, 상대방의 말이나 눈에 보이는 것에 관심이 없고 차라리 다른 곳에 있으면 좋겠다는 생각을 하는 것으로 보이기 때문이다. 미국에서는 학생이 눈을 감고 있는 모습이 적발되면 선생님으로부터 심한 꾸중을 들을 수 있다.

Make invitations or important announcements at the last minute

Korean business or social schedules are much more flexible than those of Americans. While Koreans frequently must accommodate the schedule of the most senior person involved, most Americans plan their time carefully in advance. When living and working in Korea, Americans may be quite surprised and unhappy to receive information about parties, meetings or new work schedules just before the events take place.

마지막 순간에 초대하거나 중요한 발표를 한다

한국의 사업 또는 사교일정은 미국보다 훨씬 유동적이다. 한국인들은 업무와 관련해서 가장 높은 상사의 계획을 따라야 하는 경우가 많지만, 대개의 미국인들은 자신의 시간을 어떻게 쓸 것인지 미리 잘 계획해 둔다. 한국에 거주하면서 일하고 있는 미국인들은 파티나 회의, 또는 새로운 업무일정을 일이 있기 직전에 통보받고 상당히 놀라고 불쾌하게 된다.

Engage in extensive small talk before getting down to business

Koreans regard it as somewhat cold and brusque to deal with the specifics of business before establishing rapport or, at the very least, determining their counterpart's intentions. Americans, feeling that "time is money," generally want to conduct their business efficiently, in the least amount of time. American businessmen visiting Korea on very tight travel schedules may be frustrated by what appears to be "beating around the bush."

본론에 들어가기 전에 장황하게 잡담을 한다

한국인들은 친밀한 관계가 되기 전에, 또는 최소한 상대방의 의도를 파악하기 전에 구체적인 사업 이야기를 꺼내는 것은 냉정하고 퉁명스럽다고 생각한다. "시간은 돈"이라고 생각하는 미국인들은 일반적으로 최소한의 시간내에 가장 효율적으로 일을 처리하고 싶어한다. 빠듯한 일정으로 한국을 방문하는 미국의 사업가들은 "변죽이나 울리는" 듯한 한국인들의 태도에 답답함을 느낄지도 모른다.

Don't say "No!"

Koreans do not like to directly say, "No, I cannot do that," because they do not want to hurt the other person's feelings. Koreans can pick up the non-verbal cues which mean "No," but Americans, not hearing a verbal "No," assume that the answer is "Yes." Because Koreans are trained to say "Yes" and to try to do what the boss wants, no matter how impossible or ridiculous, Americans can easily become frustrated when the results are not what they expected.

거절의 뜻을 분명히 밝히지 않는다

한국인들이 "아니, 그것을 할 수 없어."라고 직접적으로 말하기 싫어하는 것은 그 말을 듣는 상대방의 기분을 상하게 하지 않으려고 하기 때문이다. 같은 한국인이라면 굳이 말로 하지 않더라도 "싫다"는 의사를 알아차릴 수 있겠지만, 미국인들은 "싫다"고 분명히 말하지 않으면 "좋다"는 뜻으로 해석할 것이다. 한국인들은 긍정적으로 말하고 아무리 불가능하거나 터무니없더라도 상관이 원하는 대로 해보도록 교육받기 때문에 미국인들은 결과가 예상대로 나오지 않으면 쉽게 답답함을 느낄 수도 있다.

Don't contribute much to discussions

In many situations, Koreans prefer to wait until they are directly asked before giving an opinion. This is especially common during meetings where a Korean manager is present with his subordinates who do not feel that it is proper to give an opinion before knowing what their boss is thinking. This strongly contrasts with the American style of "speaking one's mind" anytime the urge strikes. Of course, even in the U.S., subordinates with an eye to the future will be interested in what the boss thinks before they freely offer their opinions.

토론에 적극적이지 못하다

한국인들은 다른 사람의 요청이 있어야만 의견을 개진하는 경우가 많다. 특히 이것은 한국인 상사가 부하들과 함께 참석한 모임에서 흔히 있는데, 부하들은 상사의 생각을 알기 전에 의견을 제시하는 것이 적절하지 않다고 생각한다. 이것은 원할 때는 언제든지 "자신의 생각을 이야기"하는 미국인들과는 대조적이다. 물론 미국에서도 장래를 걱정하는 부하들은 자유롭게 의견을 말하기 전에 상사가 뭘 생각하고 있는지에 관심을 가질 것이다.

Brushing teeth at the work place is common

You can often see Koreans brushing their teeth in the work place. This certainly is a good practice after a meal for dental hygiene. However, this looks strange to Americans in a professional environment.

직장에서 양치질하는 것은 일반적이다

직장에서 양치하는 사람들을 종종 보게 된다. 이것은 식사 후의 구강 건강에 좋은 습관임은 확실하다. 그러나, 직장에서의 이러한 모습은 미국인들에게 이상하게 보인다.

Wear sandals with a suit in the office

A lot of Korean office workers remove their shoes when in the office and wear slipper-like sandals while working. They do this to make themselves more comfortable. For Americans, this may appear strange.

사무실에서 정장차림에 슬리퍼로 갈아 신는다

많은 한국인 회사원들은 사무실에서 일하는 동안 신발을 벗고 샌들 같은 슬리퍼를 신고 있다. 그들 스스로를 더욱 편하게 하기 위해서 이다. 미국 인들에게 이것은 이상하게 보일 수 있다.

Place a roll of toilet paper on a desk in an office

In Korea, a roll of toilet paper is often used instead of tissue paper for the office and home. Most companies and households want to cut down on miscellaneous expenses, and tissue is one of them. But to Americans, who expect a roll of toilet paper to be used only in a restroom, it looks a little ridiculous.

사무실 책상에 화장실용 휴지를 놓고 쓴다

한국에서는 사무실이나 일반 가정에서 티슈 대신 화장실용 두루마리 휴지를 사용하는 일이 흔하다. 대개의 회사나 가정은 잡비를 줄이려 하며, 티슈는 그런 품목 중의 하나이다. 그러나 두루마리 휴지는 화장실에서만 사용되는 것으로 생각하는 미국인들에게는 이것이 좀 우스꽝스러워 보인다.

Regard seniority as more important than achievement or ability

It is quite common in Korean companies for advancement to be determined by how long one has been there. The upper management in a large company is usually composed of elderly men. Likewise, within any office or department of a Korean company, managers at every level are normally older than their subordinates. In the U.S., the ideal is that promotions come with hard work that produces good results and that productive people will rise quickly — regardless of their age.

업무능력보다 나이를 더 중요하게 생각한다

한국의 회사에서는 승진이 근속연수로 결정되는 경우가 흔히 있다. 따라서 대기업의 상위 경영진은 대개 중장연층으로 구성되어 있다. 마찬가지로 한국 회사의 사무실이나 부서에서 모든 계층의 관리자들은 보통 부하들보다 더 나이가 많다. 미국에서는 관례적으로 열심히 일해서 업무 수행의 결과가 좋을 때 승진할 수 있으며, 유능한 사람은 나이에 관계없이 빨리 승진할 수 있다.

Regard connections as more important than ability in choosing job candidates

Because the concept of group is so important in Korea, some companies often hire people through personal connections. These connections can result from relationships forged through common educational experience, regional or family ties, previous work experience in a related company, or perhaps simply a letter or phone call from a trusted friend.

사원 선발에 있어서 능력보다 연고를 중시한다

한국 사회에서는 어떤 집단의 일원이냐가 매우 중요한 문제이기 때문에, 일부 회사들은 개인적인 연고에 의해 사람을 고용하기도 한다. 이러한 연고는 동문, 지연, 혈연, 관련 회사에서의 업무 경험등으로 형성된 관계 또는 가까운 친구의 편지나 전화 등이 있다.

Wait until older people start eating

In Korea, it is common to wait until the oldest person at the table starts eating before anyone else. However, in America, we usually just wait until everyone is at the table. There is no need to wait until the oldest person begins.

연장자가 식사를 시작할 때까지 기다린다

한국에서는 식사 시에 연장자가 식사를 먼저 시작할 때까지 기다려 주는 것이 일반적이다. 그러나 미국의 경우, 모든 사람이 식탁에 앉을 때까지 기다리는 것이 보통이며, 연장자가 식사를 시작할 때까지 기다릴 필요가 없다.

Wait until older people finish eating before leaving

In Korea, it is common to wait until the oldest person at the table finishes eating before getting up and leaving. In America if you wish to leave before the oldest person finishes, you just politely excuse yourself. There's no need to wait.

연장자가 식사를 마칠 때까지 기다렸다가 자리를 뜬다

한국의 경우, 연장자가 식사를 마칠 때까지 기다렸다가 자리에서 일어나는 것이 일반적이다. 미국의 경우, 연장자가 식사를 마치기 전에 떠나야 한다면, 단지 공손히 양해를 구하면 된다. 기다릴 필요가 없다.

Use scissors to cut meat and vegetables

A knife is a rare table utensil when eating Korean food. Food, including various meat dishes, vegetables and noodles, are cut into sizes suitable for eating either before being cooked or when served. Korean restaurant service workers also normally use scissors for cutting food. Quick to use and not requiring a cutting board, scissors are just another kitchen tool in Korea.

가위로 고기와 채소를 자른다

칼은 한국 음식을 먹을 때 잘 쓰이지 않는 식기이다. 여러가지 고기 요리, 야채요리, 면류 등의 음식은 조리되기 전이나 식탁에 내어질 때 먹기 좋은 크기로 잘라지게 된다. 한국 식당 종업원들은 보통 음식을 자르는 데 가위를 사용한다. 사용하기 쉽고 도마가 필요없는 가위는 한국에서 주방용품으로 사용되고 있다.

Everyone shares food from the same plate

It's quite a norm for Koreans to share food from the same plate or a bowl. No one seems to mind putting his or her spoon in the same soup with everyone else. Most Americans would find it very unhygienic.

음식을 한 그릇에 담아놓고 다 함께 먹는다

같은 접시나 그릇에 음식을 담아놓고 나눠 먹는 것은 한국에서는 일상적인 일이다. 여러 사람이 같은 국에 숟가락을 집어 넣는 것을 아무도 꺼려하지 않는다. 하지만 거의 모든 미국인들은 그렇게 하는 것을 비위생적이라고 느낀다.

Slurp loudly while eating noodles or soup

"Sloosh!" "Slurp!" "Smack!" It is impossible to eat a steaming hot bowl of noodles unless one cools them with a rush of air as they enter the mouth. The resulting sound, however, annoys Americans, who are taught from an early age not to make noises while eating.

면이나 국을 먹을 때 시끄럽게 소리낸다

"후루룩!" "얌얌!" "쩝쩝!" 뜨거운 면을 입김으로 식히지 않고 입에 넣는 것은 어려운 일이다. 그러나, 그런 소리는 미국인들을 불쾌하게 하는데, 그들은 어릴 때부터 식사중에 소리를 내어서는 안 된다고 교육받는다.

Talk with their mouths full

Americans hate to see this. A frequent comment from an American mother to her child is "Don't talk with your mouth full." A gaping mouth when eating is frowned upon at home and is definitely considered impolite and uncultured in public. In Korea, however, the practice is widespread and accepted as being nothing out of the ordinary, except when the food doesn't stay in the speaker's mouth!

입에 음식을 넣은 채 말한다

미국인들은 이런 행동을 싫어한다. 미국인 엄마는 아이에게 종종 "입에 음식을 넣은 채 말하지 마라."고 말한다. 가정에서 식사 중에 입을 벌린 모습은 눈살을 찌푸리게 하며 공공장소에서는 예의없고 교양없는 것으로 인식된다. 그러나 한국에서 이런 행동은 널리 퍼져 있으며, 말할 때 음식물이 입밖으로 튀어나오는 때를 제외하고는 전혀 이상할 게 없는 행동으로 간주된다.

Wave a fork, knife, or chopsticks around while conversing during a meal

In the U.S., silverware should be used quietly and only for cutting or bringing food to the mouth. It is considered impolite and can even be dangerous to your neighbors at the table to gesture with eating utensils.

식사 중에 대화를 하면서 포크, 나이프, 젓가락을 흔든다

미국에서는 식기는 조용히 다루어야 하고 음식을 자르거나 입에 넣을 때만 사용하도록 되어 있다. 식기를 손에 든 채로 제스처를 취하는 것은 예의없는 행동으로 간주되며 옆에 앉은 사람을 다치게 할 수도 있다.

Reach across the table

Koreans prefer to reach across the table to get something rather than ask others to pass a dish to them. They do so because they don't want to interrupt those who are eating. Americans prefer asking a person who is near an item to pass it to them. They try to avoid having their hands or arms pass over the other person's food.

식사 중에 식탁을 가로질러 물건을 집는다

한국인들은 다른 사람에게 필요한 것을 건네달라고 부탁하기보다는 식탁 위로 팔을 뻗어 직접 집으려 한다. 이것은 식사 중인 다른 사람을 방해하고 싶지 않기 때문이다. 미국인들은 필요한 물건 가까이에 있는 사람에게 건네달라고 부탁하는 것을 훨씬 좋아한다. 그들은 자신의 팔을 다른 사람의 음식 위로 지나가지 않게 하려고 한다.

Men unbuckle their belts during meals

During a meal, an American will be shocked to see his Korean
counterpart suddenly unbuckle his belt. A Korean man will do
so because he has had enough (or too much) to eat, and his
belt feels too tight. Korean men usually do this discreetly, but,
however carefully done, it is likely to make an American at the
table feel uncomfortable.

식사 중에 허리띠를 푼다

함께 식사 중이던 한국인이 갑자기 허리띠를 푸는 것을 보면 미국인
은 깜짝 놀랄 것이다. 한국 남성은 음식을 충분히 (아니면 너무 많
이) 먹어서 벨트가 꼭 조이면 그렇게 하곤 한다. 한국 남성들은 보
통 점잖게 그런 행동을 하지만, 아무리 조심한다고 해도 그런 행동
은 같이 식사 중인 미국인을 불편하게 한다.

Rinse their mouths noisily after a meal

Some Koreans do this after a meal while still at the table. While Americans also might do this after a meal, they would only do so in the restroom. If done at the table, an American would find this extremely rude.

식사 후에 소리내어 목을 가신다

일부 한국인들은 식탁에서 식사 후에 이런 행동을 한다. 미국인들도 식사 후에 이런 행동을 할 수 있지만 오직 화장실에서만 입을 헹군다. 식탁에서 이런 행동을 취한다면, 미국인들은 몹시 무례한 것으로 받아들일 것이다.

Koreans tend to be loud in restaurants

In Korea, being loud in a restaurant is tolerated and may even be a sign that it is a good restaurant. However, in America, being loud in a restaurant is considered rude, and sometimes people are asked to leave.

한국인들은 음식점에서 큰소리로 이야기한다

한국에서는 음식점에서 큰소리로 이야기 하는 것은 참을만하다고 생각되며 심지어 이런 곳이 맛있는 음식점으로 여겨지기까지 한다. 그러나 미국의 경우, 음식점에서 시끄럽게 하는 것은 무례하다고 생각되며, 때때로 떠드는 사람들은 나가달라는 요청을 받기도 한다.

Use toothpicks loudly at the table

The sharp sucking sounds produced when using toothpicks are very unpleasant to Americans. Koreans normally cover their mouths when picking their teeth to draw less attention, but actually it draws more attention. In the U.S., toothpicks are normally used away from the table, either in a restroom or outside the restaurant, to avoid offending those who are still dining.

식탁에서 요란하게 이쑤시개를 사용한다

이쑤시개를 사용할 때 나는 "쓰"하는 날카로운 소리는 미국인들을 매우 불쾌하게 한다. 한국인들은 이를 쑤실 때 눈에 띄지 않게 하려고 손으로 가리곤 하지만, 실제로는 그런 행동이 더욱 시선을 끈다. 미국에서는 식사 중인 다른 사람에게 방해되지 않도록 대개 화장실 또는 식당 밖과 같이 식탁으로부터 멀리 떨어진 곳에서 이쑤시개를 사용한다.

Add cream and sugar to coffee without asking how you like it

Many Koreans drink their coffee with cream and sugar and they assume that others want their coffee the same way.

물어보지도 않고 커피에 크림과 설탕을 넣어준다

많은 한국인들이 커피에 크림과 설탕을 넣어 마시며, 다른 사람들도 같은 방식으로 마실 거라고 단정한다.

Leave quickly after their meals

Koreans tend to eat without much talking, and then get up and go. Americans tend to socialize a little, eat with moderate conversation, and then talk a great deal afterward. Americans like to relax and talk after eating to allow the "meal to settle." Koreans are more likely to move to a new location after a meal.

식사 후 바로 자리를 뜬다

한국인들은 식사 중에는 별로 말을 하지 않으며, 식사 후에 바로 자리에서 일어나 자리를 뜬다. 미국인들은 식사 전에 약간의 이야기를 나눈 후 식사를 하면서 적당한 대화를 나누고, 식사가 끝난 후에 많은 대화를 한다. 미국인들은 소화가 되도록 식후에 느긋하게 앉아서 대화를 즐긴다. 한국인들은 식사 후에 다른 장소로 옮길 가능성이 높다.

Serve hot water in restaurants

The U.S. is a chilled-beverage culture. Drinks are almost always served cold, even in winter. Water is never served hot. The only common hot beverages are tea and coffee. Thus, Americans are often dismayed when served hot water in a Korean restaurant or coffee shop, or when told that no ice is available.

식당에서 뜨거운 물을 준다

미국인들은 차가운 음료를 즐긴다. 겨울이라도 거의 차가운 음료가 제공되며, 뜨거운 물은 절대 나오지 않는다. 뜨겁게 나오는 음료는 차와 커피뿐이다. 따라서, 미국인들은 한국 식당이나 커피전문점에서 뜨거운 물이 나오거나 얼음이 없다는 이야기를 들으면 종종 당황해 한다.

Drink on weekdays

It is not uncommon to see Koreans drunk during weekdays. To an American they may seem like alcoholics. Americans don't usually drink after work until later in the week.

주중에도 음주를 즐긴다

한국인들이 주중에 술을 마시는 경우가 흔하다. 미국인에게 있어서 그들은 알코올 중독자처럼 보일지도 모른다. 미국인들은 보통 주중에 는 술을 마시지 않고 주말에 술을 마신다.

Offer their glass to another person to drink from

When a Korean offers a drink from the same glass he has used, he is showing true feelings of friendship toward the other person. Most Americans, however, would consider this practice unsanitary.

자신이 마신 잔으로 다른 사람에게 술을 권한다

한국인에게 있어 자신이 마시던 잔으로 술을 권하는 것은 상대방에 대한 진실한 우정을 표현하는 것이다. 그러나 대부분의 미국인들은 이런 행동을 비위생적이라고 생각한다.

Tend to insist that guests drink one more glass of alcoholic beverage

Koreans often show their sincerity and generosity by asking guests repeatedly to drink one more glass of beer or other such beverage. Normally, the best way to refuse another drink is to not empty your glass or even place your hand over the glass when another drink is offered. Americans can become very upset when they feel they are being forced to do something against their will.

손님에게 술 한 잔 더 하라고 강요한다

한국인들은 종종 손님들에게 맥주나 다른 음료를 한잔 더 마실 것을 여러 번 권함으로써 정직함이나 관대함을 표시한다. 보통 한 잔 더 마시라는 요청을 거절하는 최선의 방법은 술잔을 완전히 비우지 않거나 술을 더 권할 때 술잔을 손으로 덮는 것이다. 미국인들은 본인의 의사에 반하여 어떤 일을 하도록 강요받는다고 느낄 때 매우 기분이 상할 수 있다.

SOCIALIZING / 사교예절 ◆

Buying gifts without asking for a person's preference

Americans usually ask for a person's preference or get close
enough to them to make an accurate choice when buying a
gift. However, Koreans will sometimes buy gifts like clothing
without asking for the other person's preferences. In America,
it's risky to do such things.

상대방의 선호도를 묻지 않고 선물을 한다

미국인들은 보통 선물을 살 때, 상대방이 선호하는 것을 물어보곤 한
다. 그러나 한국인들은 이따금씩 옷가지 등의 선물을 타인의 취향을
고려하지 않은 채 선물하기도 한다. 미국에서 이러한 행동은 위험 부
담 요소가 크다.

69

Parent's opinion to marry is quite important

Young Koreans are greatly influenced by their parent's negative opinions of their boyfriend/girlfriend. Meaning if their parents don't approve, they will be more hesitant to pursue the relationship. In America, parents' opinions are taken into consideration though they have much less influence.

결혼에 대한 부모의 의견은 매우 중요하다

젊은 한국인들은 남자친구/여자친구에 대한 부모의 부정적인 의견에 크게 영향을 받는다. 이것은 만약 그들의 부모가 허락하지 않는다면, 그들은 관계를 지속하는 것을 주저할 것이라는 의미이다. 미국에서도 부모의 의견은 고려되지만, 한국보다 덜 영향을 받는다.

Live with parents though people are almost 30

In America, most people move out of their parent's house in their late teens to early twenties. If someone is over 25 and still living with his/her parents, they would be considered a "loser." However, most Koreans live with their parents until they get married even though it may be when they're in their 30s.

나이가 찼어도 부모와 함께 산다

미국에서 대다수의 사람들은 10대 후반에서 20대 초반 즈음부터 부모의 집을 떠난다. 만약 25살이 넘은 사람이 여전히 부모와 함께 산다면, 그들은 패자라고 생각되어진다. 그러나 대부분의 한국인들은 30대 일지라도 결혼하기 전까지는 부모와 함께 산다.

Koreans washing each other at public bath houses

At bath houses, adults will wash each other and parents will wash their teenage children. In America, adults don't wash each other, and also adults don't touch teenage children in such a manner. It would be considered perverted.

공중 목욕탕에서 서로 몸을 씻어 준다

목욕탕에서, 성인들이 서로 씻는 것을 돕거나, 자신의 아이들을 씻겨 준다. 미국에서의 성인들은 그렇지 않으며, 자신들의 10대 아이들을 만지지도 않는다. 그럴 경우, 변태로 오인 받을 수도 있다.

Ask personal questions

Americans in Korea frequently find themselves being asked questions such as "How old are you?" "Are you married?" "How much money do you earn?" "Why don't you have children?" "Why did you come to Korea?" "How much do you weigh?" Koreans are generally very curious about people from other countries, but Americans generally object to being asked these types of questions which they consider to be an invasion of their privacy.

개인적인 질문을 한다

한국에 있는 미국인들은 개인적인 문제에 대해 자주 질문을 받는다고 생각한다. 예를 들면, "나이가 어떻게 되십니까?" "결혼하셨습니까?" "돈을 얼마나 버십니까?" "왜 아이가 없으십니까?" "왜 한국에 오셨습니까?" "체중이 얼마입니까?" 등의 질문을 한다. 한국인들은 대개 외국인들에 대해 관심이 많지만 미국인들은 사생활의 침해라고 생각되는 이런 질문들을 받는 것을 싫어한다.

Form separate male and female groups (at school, parties and dinners)

In general, gender-mixed groups are the norm in the U.S. In Korea, there is much more gender-grouping, with certain activities reserved for either only men or only women. This seems rather strange to Americans.

학교, 파티, 식사 등에 남녀가 따로 어울린다

미국에서는 남녀 혼성 모임이 일반적이다. 한국에서는 성별에 의한 구분이 보다 보편적이어서 남성 또는 여성에게만 국한된 일들이 있다. 미국인들은 이런 성별 구분을 이상하게 여기는 것 같다.

Accept public drunkenness

In Korea, drinking is an accepted (sometimes even necessary) part of most business entertaining and socializing. At night, one often sees staggering, drunken men making their way home. In the U.S., public drunkenness carries a rather strong social stigma and can even land you in jail.

사람들 앞에서 술에 취해 있는 것이 용납된다

한국에서는 음주가 사업상 접대나 사교의 일환으로 인정되는 (때로는 필요한) 부분이다. 밤에 술취한 사람이 비틀거리며 집으로 돌아가는 모습을 종종 본다. 미국에서는 사람들 앞에서 술에 취하는 것은 사회적으로 매우 불명예스러운 것이며 심지어 구금될 수도 있다.

Force Americans to sing at gatherings

It is part of Korean culture to sing at social gatherings, and everyone present is expected to sing. This is, however, very uncommon in the U.S. Many Americans do not feel comfortable singing in front of others, although they may enjoy listening to everyone else sing. Also, many of the ubiquitous Korean singing rooms include only a small selection of songs in English and many of those are currently unfamiliar or unpopular in the U.S.

모임에서 미국인들에게 노래하라고 강요한다

사교모임에서 노래하는 것은 한국 문화의 일부로서, 참석한 사람들 모두 한 곡씩은 부르는 것이 일반적이다. 그러나, 이것은 미국에서는 아주 보기 드물다. 많은 미국인들은 다른 사람들이 노래 부르는 것을 듣는 것은 즐기지만 다른 사람들 앞에서 노래하는 것을 편하게 느끼지 않는 사람이 많다. 도처에 널려 있는 많은 노래방에는 영어로 된 노래가 별로 없고 그 중 많은 것들이 현재 미국에서 생소하거나 인기없는 곡들이다.

Leave social gatherings in a group

In Korea, it is common to come and go with your "group." People may quickly follow the initiative of one member who decides to leave. This may be surprising to an American, who may suddenly find himself the last one at the bar.

한꺼번에 자리를 뜬다

한국에서는 자신이 속한 집단이 움직이는 대로 오고 가는 경우가 흔하다. 일원 중의 한 사람이 일어나기로 결정하면 다른 사람들은 재빨리 따르곤 한다. 이 때문에 미국인은 자기 혼자만이 바에 남아있는 것을 깨닫고 놀랄지도 모른다.

People of the same sex hold hands

It is quite natural for Koreans, especially women, to hold hands with the same sex while walking. It merely shows good friendship. While American women might be only slightly uncomfortable with this, American men, because of their upbringing, are extremely uncomfortable with anything except a brief handshake between men.

동성과 손을 잡고 걷는다

한국인들, 특히 한국 여성들 사이에서 동성간에 손을 잡고 걷는 것은 매우 자연스러운 일이며, 이는 절친한 친구 사이임을 보여주는 행동일 뿐이다. 미국 여성들은 이런 행동을 다소 불편하게 여길 뿐이지만, 미국 남성들은 어려서부터 받은 교육 탓에 간단한 악수를 제외하고는 어떤 접촉에도 몹시 불편하게 느낀다.

Touch other men

It is very natural for Korean men to touch another man's knee or leg, even if they have just met. It is considered a friendly way to get to know someone. Koreans are very social people and like to feel more comfortable around others and this is done commonly among Koreans. Americans would feel as though their personal space had been invaded and would not understand, or might even consider this a type of sexual advance.

남자들끼리 몸을 터치한다

한국 남자들은 처음 만난 사이더라도 상대방의 무릎이나 다리를 터치하는 행동을 자연스럽게 생각한다. 이런 행동은 상대방에게 친근감을 나타낸다고 생각하기 때문이다. 한국 사람들은 매우 사교적이므로 좀 더 친숙해지기 위해 이런 행동을 별 스스럼 없이 행한다. 하지만, 미국인들은 개인 공간을 매우 중요시 하기 때문에 누가 이런 행위를 할 경우, 자신의 공간을 침략당했다고 느끼거나 성적인 행동을 한다고 생각할 수 있다.

Dance with the same sex

At nightclubs in Korea, Americans are shocked to find many Korean men and women dancing with the same sex. In America, women may on occasion dance together, but men do not. While in the U.S., same-sex dancing usually has homosexual implications, in Korea it is simply an expression of good friendship and fun.

동성과 춤을 춘다

미국인들은 한국의 나이트클럽에서 많은 한국인 남녀가 동성끼리 춤을 추고 있는 것을 보고 충격을 받는다. 미국에서는 여성들이 때때로 함께 춤을 추지만 남성들은 그렇지 않다. 미국에서는 동성끼리 춤추는 것은 보통 동성연애자임을 암시하지만 한국에서는 단지 우정과 재미로 그렇게 한다.

Are vague in speaking

Except among family or close friends, Koreans are less direct in speech than are Americans. To avoid confrontation or rudeness, Korean conversation is full of words like "Maybe...," and "I think it's possible that...." This can be irritating for Americans, who usually want to hear clear, direct opinions and factual statements.

말하는 것이 모호하다

가족이나 가까운 친구 사이가 아니면, 한국인들은 미국인들에 비해 간접적으로 이야기하는 경향이 있다. 한국인들은 논쟁을 피하거나 무례하게 보이지 않으려고 대화 중에 "아마…" 또는 "…일 것 같아요" 등의 표현을 자주 쓰는데, 이것은 명확하고 직접적인 의견과 사실적인 설명을 원하는 미국인들을 짜증나게 할 수도 있다.

Begin sentences with "We Koreans..."

Koreans seem to feel most secure thinking of themselves as members of various groups, the largest of which is the Korean nation. They usually say "our mother," "our teacher," "our country," instead of "my mother," "my teacher," "my country." On the other hand, Americans, with their multi-cultural heritage and tradition of individual rights, would rarely introduce an opinion by saying, "We Americans...."

"우리 한국 사람들은…"이라고 말한다

한국인들은 자신이 여러 집단의 일원, 궁극적으로 한국이라는 한 나라의 구성원이라고 생각하는 데서 안도감을 느끼는 것 같다. 그들은 대개 "내 어머니", "내 선생님", "내 나라"라고 말하는 대신 "우리 어머니", "우리 선생님", "우리 나라"라고 말한다. 반면, 여러 문화 유산과 개인적 권리라는 전통을 가진 미국인들은 "우리 미국인들은…"이라는 말을 거의 쓰지 않는다.

Don't accept an offer unless asked two (or more) times

In Korea, it is considered polite to refuse an offer initially. Americans who encounter this behavior will probably think the refusal is final. To an American, "No, thank you," usually means exactly that; it hardly ever means "Please insist until I accept."

두 번 이상 권하지 않으면 받아들이지 않는다

한국에서 어떤 제안에 대한 첫 번째 거절은 일종의 예의로 간주된다. 그러나 이런 행동을 접하는 미국인들은 그 거절이 진심이라고 생각할 수 있다. 미국인들에게 "아뇨, 됐습니다."는 말 그대로 거절의 뜻이며, "받아들일 때까지 계속 권하세요."라는 의미가 아니다.

Attempt to strike up conversations on the train with Westerners in order to practice English

Many Koreans are studying English and most of them are curious about Westerners. Although some Americans may be happy to talk with complete strangers, many resent these requests as intrusions on their privacy.

영어 연습을 위해 전철에서 서양인과 대화를 시도한다

많은 한국인들은 영어를 공부하고 있고 대부분이 서양인에 대해 호기심이 많다. 미국인 중에는 전혀 모르는 사람과의 대화를 즐기는 사람도 있겠지만, 이런 요청을 사생활에 대한 침해로 간주하는 사람도 많다.

Praise non-Koreans for apparently trivial skills

Americans living in Korea often find themselves receiving compliments about knowledge or abilities which have become second nature to them, such as the ability to use chopsticks. This is somewhat dismaying to them. Imagine how a Korean might feel if he were complimented on his skillful use of a knife and fork, ability to tie a necktie or even his use of common English greetings.

사소한 기술이 분명한데도 외국인을 칭찬한다

한국에 살고 있는 미국인들은 종종 자신들에게는 이미 제 2의 천성이 되어버린 지식이나 능력에 대해 칭찬받는다. 한 예로 젓가락을 사용할 줄 아는 능력이 그것이다. 이것은 그들에게는 다소 당황스러운 일이다. 한국인이 나이프와 포크를 능숙하게 사용하거나, 넥타이를 맬 수 있거나, 심지어 흔한 영어 인사 한마디를 할 줄 안다고 해서 칭찬 받는다면, 어떤 기분이 들지 생각해 보라.

Smile or laugh when confused or embarrassed

When Koreans make mistakes, they often smile to conceal embarrassment. This is often misunderstood by Americans, who usually expect a person to look contrite. To an American, a smile on such an occasion means "I have done something wrong, but I don't care." If you laugh when an American makes a mistake, you will probably make him angry.

당황할 때 웃는다

한국인들은 실수할 때 당황스러움을 감추기 위해 미소를 짓는 경우가 자주 있다. 이것은 실수한 사람에게 진지한 사과의 표정을 기대하는 미국인들에게 종종 오해의 소지가 된다. 미국인들에게는 그러한 경우의 미소는 "잘못했지만 신경 안 쓴다."는 뜻으로 해석되기 때문이다. 미국인이 실수를 할 때 웃는다면 십중팔구 화를 낼 것이다.

Get into subways or elevators before others get off

Some Koreans get into subways or elevators before others get off. The resulting traffic jam at the doorway seems unreasonable and inefficient to Americans who are used to waiting until everyone has first gotten off before they rush in.

사람들이 내리기도 전에 전철이나 엘리베이터에 올라탄다

어떤 한국인들은 다른 사람들이 내리기도 전에 전철이나 엘리베이터에 올라타곤 한다. 타기 전에 내릴 사람들이 모두 내릴 때까지 기다리는데 익숙한 미국인들은 이로 인해 출입문이 혼잡해지는 것을 분별없고 비효율적이라고 생각한다.

Men sit with their legs outstretched on subways

Some Korean men don't seem to think about those around them. On a crowded subway, especially, to sit with one's legs outstretched makes others uncomfortable and makes it difficult for people to move about. Americans and even Korean women find this posture to be very unattractive.

전철에서 남자들이 다리를 벌리고 앉는다

몇몇 한국 남성들은 주위 사람들을 전혀 배려하지 않는 듯하다. 특히 혼잡한 전철에서 다리를 벌리고 앉으면 옆 사람에게 불편을 줄 뿐 아니라 다른 사람들이 움직이기도 힘들다. 미국인들은 물론 한국 여성들도 이것이 아주 매력없는 태도라고 생각한다.

Drivers try to cut in line in traffic

Many Korean drivers habitually cut in line in traffic, which results in further congestion and sometimes in accidents. They often wave their hands to say "Excuse me," but that doesn't reduce the other driver's displeasure with the inconsiderate behavior.

운전자들이 끼어들기를 한다

한국의 운전자 중에는 습관적으로 끼어들기를 해서 교통 체증을 유발하거나 사고를 일으키는 사람들이 있다. 그들은 종종 "미안하다"는 뜻으로 손을 흔들어 보이기도 하지만 그것이 끼어들기를 당한 다른 운전자의 불쾌함을 덜어주지는 못한다.

Drivers don't yield to pedestrians

Many Korean drivers fail to yield to pedestrians, even when the pedestrians are on crosswalks and have the light in their favor. Korean drivers appear to always be in a hurry and to disregard what Americans consider to be common courtesy, not to mention the traffic laws. While most Koreans seem to accept this, they also feel this is rude behavior.

운전자가 보행자에게 양보하지 않는다

한국인 운전자들 중에는 보행자들에게 양보하지 않는 사람들이 많은 테, 심지어는 보행자가 횡단보도를 건너고 있거나 보행 신호가 켜져 있는 상황에서도 그러하다. 한국인 운전자들은 항상 바쁜 것 같고, 교통 법규는 물론 미국인들이 일상 예절이라고 여기는 것도 무시하는 것 같다. 대다수의 한국인들이 보행자들에게 양보하지 않는다는 것을 받아들이기는 하지만 그들도 이것이 무례한 행동이라고 생각한 다.

Drivers don't yield to ambulances, fire trucks, or police cars, even when emergency lights are flashing

Americans are trained to strictly obey such traffic laws as yielding to emergency vehicles. They do not understand why Korean drivers so often ignore this or even why they are allowed to do so.

운전자들이 비상등을 켠 앰뷸런스나 소방차, 경찰차에 양보하지 않는다

미국인들은 비상차량에게 양보하는 것과 같은 교통 법규를 엄격히 준수하도록 교육 받는다. 그들은 한국인 운전사가 교통 법규를 왜 그렇게 자주 무시하는지나 왜 그렇게 하도록 내버려두는지를 이해하지 못한다.

Drivers park illegally and block traffic

Americans are accustomed to well-defined traffic rules regarding parking, and are often taken aback by the apparent lack of orderly parking practices in Korea. Of course, they soon learn that the problem is simply a case of too many cars and too few parking places.

불법으로 주차하여 교통을 마비시킨다

미국인들은 명확한 주차 법규에 익숙해져 있기 때문에, 한국에서 함부로 주차 질서를 위반하는 것을 보게 되면 종종 당황하게 된다. 물론 그들은 차량이 너무 많고 주차장은 너무 적다는 것을 곧 알게 된다.

Not leave cars in Park

A lot of cars in Korea are left in neutral instead of the commonly used park option that Americans are used to using. Because of overcrowding, drivers often have to double-park, even in parking garages. The cars are left in neutral so that other drivers who are hemmed in can easily push the car out of the way in order to get out of their parking spot. Americans would find this strange because in America your car would be at strong risk of rolling away if left in neutral.

주차(P)에 주차해두지 않는다

한국에서는 보통 차를 주차할 때 중립(N)에 놓고 주차한다. 극심한 주차 혼잡으로, 운전자들은 종종 주차장에서조차 이중 주차를 해야만 한다. 가로 막혀 있는 주차장소에서 운전자가 차를 밀고 나올 수 있도록 다른 운전자들은 차를 중립에 놓아둔다. 미국인들은 차가 굴러가 버릴 수도 있게 중립상태로 위험하게 주차하는 것을 이상하게 생각한다.

Taxi drivers with no passengers sometimes refuse to pick up certain passengers

Americans often complain that they have to undergo an interview before being accepted in a taxi. Since Seoul traffic is very congested in certain areas at certain times, taxi drivers try to avoid passengers who might want to go to these areas because they lose money while sitting in traffic jams. At other times, drivers may be ending their work shift and, therefore, prefer to head only in the direction of their home.

택시 운전자들이 승차를 거부한다

미국인들은 종종 택시에 타기 전에 몇 마디 말을 해야 된다고 불평한다. 서울은 특정 시각, 특정 지역의 교통이 매우 혼잡하기 때문에 택시 운전자들은 교통 체증에 걸려 손해를 볼 것을 우려한 나머지 그 지역으로 가지 않으려고 하는 경우가 있다. 또 어떤 시각에는, 운전사들이 교대를 끝내고 자신의 집 방향으로만 가려고 하는 경우도 있다.

Buses drive by without stopping

Bus companies specify a number of round trips per day for drivers. The heavy traffic in cities like Seoul makes it difficult for the drivers to keep their tight schedules and this often leads them to skip stops when there is no one to drop off. While it may be understandable, it causes great inconvenience to people who have been waiting a long time for the bus.

버스가 정류장을 그냥 지나쳐 버린다

버스 회사들은 운전자들이 지켜야 하는 운행 횟수를 규정해 놓고 있다. 서울과 같은 도시의 경우, 교통 체증으로 인해 빠듯한 배차시간을 지키기 어렵게 되므로, 운전자들이 내릴 승객이 없는 경우 정류장을 그냥 지나쳐버리기도 한다. 이것은 이해될 수 있을지 모르지만, 버스를 오랫동안 기다리는 사람들에게 큰 불편을 주게 된다.

Drivers of buses and large trucks act outrageously

The so-called "professional drivers" of buses and trucks act as though they own the road and show little regard for Korean traffic laws. They often intimidate other drivers by loudly blowing their horns and abruptly cutting in and out of traffic. Americans, as well as most Koreans, find this lack of courtesy both stressful and dangerous.

버스와 대형 트럭의 운전자들이 난폭하게 운전한다

소위 버스나 트럭의 "직업적인 운전자"들이 마치 도로의 주인이나 되는 듯 교통 법규에 거의 신경을 쓰지 않는다. 그들은 시끄럽게 경적을 울리거나 갑자기 이리저리 차선을 바꾸면서 다른 운전자들에게 겁을 주기도 한다. 대개의 한국인뿐만 아니라 미국인들도 이렇게 예의 없는 행동은 스트레스를 주고 위험스럽다고 생각한다.

Deliverymen on scooters don't stop at red lights

Almost all deliverymen in Korea drive their scooters in a hurry. These scooters are used for various business purposes and are useful because they are so small and nimble. Quite often they will be used to make deliveries or to go a short distance quickly. The deliverymen often choose to go through red lights instead of waiting with other traffic because of these time restraints. Americans are used to very strictly enforced rules regarding traffic laws. The deliverymen of these scooters have a lot of work to finish in a limited amount of time, so safety is sometimes compromised.

스쿠터를 타고 다니는 배달원들은 빨간 불도 그냥 지나친다

한국의 많은 배달원들은 스쿠터를 바쁘게 몰고 다닌다. 그 스쿠터들은 작고 유용하기 때문에 많은 사업에 이용되며 특히 짧은 거리에 배달을 빠르게 해야 할 때 자주 이용된다. 항상 시간 제한에 쫓기다 보니 배달원들은 빨간 불을 무시해 달릴 때가 많고, 교통법규를 철저히 지키도록 교육된 미국인들의 눈에는 이상하게 비추어질 수 밖에 없다. 스쿠터를 탄 배달원들이 제한된 시간에 많은 일을 끝내려다 보니 안전은 때때로 양보되어질 수 밖에 없다.

Ride motorcycles and scooters on the side-walk

Most motorcycles and scooters in Korea are used to make deliveries and are often driven on sidewalks in apparent disregard for pedestrians. Americans find this annoying and even dangerous. They feel there is no sanctuary from inconsiderate drivers, even on sidewalks which are supposed to be only for pedestrians.

보도 위로 오토바이나 스쿠터를 탄다

한국에서 대부분의 오토바이나 스쿠터는 배달하는데 사용되며 종종 행인들을 무시하고 보도 위로 운전한다. 미국인들은 이런 행동에 짜증을 내며 위험하기까지 하다고 생각한다. 미국인들은 당연히 보행자들만 이용해야할 보도 위에서조차 분별없는 운전자들을 피할 수 없다고 생각한다.

Remove their seat belts and stand up in an airplane immediately upon landing, even though the flight attendants have told the passengers to remain seated

Some Korean tourists are impatient and always seem to be in a hurry, even when there is no place to go! Besides the safety issue, Americans are used to waiting until it is appropriate to get ready to leave, and then file out of the airplane in an orderly fashion.

승무원의 경고에도 불구하고 비행기가 착륙해서 멈추기도 전에 안전벨트를 풀고 일어선다

일부 한국 승객들은 참을성이 부족하고 특별히 갈 데도 없으면서 항상 바쁜 것 같다. 안전 문제와 별개로, 미국인들은 나갈 준비가 될 때까지 자리에서 기다리는 것이 습관화되어 있으며 질서있게 줄을 서서 기내를 빠져 나온다.

Forget to tip service workers

As tipping is rare in Korea, Koreans may forget to do so when visiting Western countries. In the U.S., tips account for a sizable portion of the income of service workers and they expect at least a minimum tip for the work they perform.

팁 주는 것을 잊어버린다

한국에서는 팁 주는 일이 드물기 때문에 서양의 여러 나라를 여행하는 한국인들은 종종 팁 주는 것을 잊어버리곤 한다. 미국에서 팁은 서비스업 종사자들 수입의 상당부분을 차지하며, 자신의 봉사에 대해 최소한의 팁이라도 받을 것을 기대한다.

Wave to say 'come here' could be 'go away' to an American

Koreans wave to come over with the palm of their hands down. To Americans this appears to say "go away". In America, the signal to come over is with the palm up.

한국인의 '이리 와'는 미국인에게는 '저리 가'가 된다

한국인들에게 '이리 와'라는 신호는 손바닥을 아래로 내려 흔드는 것이다. 미국인에게 이 표현은 '저리 가'라는 뜻이 된다. 미국에서의 이리오라는 손짓은 손바닥을 위로 올려 흔드는 것이다.

Toilet paper outside the stalls in bathrooms

In America, the toilet paper is inside all the stalls. However in Korea, in some public restrooms, the toilet paper is outside the stalls. This could lead to an odd predicament.

화장지가 화장실 밖에 걸려있는 경우가 있다

미국의 경우, 화장지는 모든 칸막이 내에 있다. 그러나 한국의 일부 공공 화장실에는 화장지가 칸막이 밖에 위치하여 있는 경우가 있어 뜻밖의 곤란을 야기하기도 한다.

Used Toilet Paper in the Waste Basket

In Korea, most restrooms have waste baskets for used toilet
paper. In America, there are no such waste baskets so used
toilet paper is flushed down the toilet.

화장실에 칸마다 휴지통이 있다

한국의 대부분의 화장실은 사용한 화장지를 버리기 위한 휴지통이 있
다. 그러나 미국의 경우에는 이러한 용도의 휴지통이 비치되어있지
않으며 사용된 화장지는 변기 속으로 물과 함께 흘려 보낸다.

Turning away the rear view mirror after picking up the passenger is chauffeur's etiquette.

An American guest was being picked up by a corporate vehicle. After he sat down, the chauffeur turned the rear view mirror away. The American, was surprised by this behavior and thought this driver was being rude. But the driver was simply following the Chauffeur's etiquette by not making eye contact with his passenger.

손님을 태운 후 룸미러를 돌려놓는 것은 기사의 예의이다

어느 미국인 손님이 회사 차량으로 픽업 되었다. 운전기사는 이 손님을 태운 후 바로 룸미러를 돌렸다. 그 미국인 손님은 운전 기사의 이런 행동에 놀랐으며, 무례하다고 생각했다. 그러나 운전기사는 예의상 손님과 눈을 마주치지 않기 위한 행동이었다.

Double parking is frequent owing to lack of space

Due to the lack of parking space in Korea (especially in crowded cities such as Seoul) double parking is a common practice. The result is it can essentially trap an unassuming person's car in a parking space. If the car has been left in neutral, it can be pushed aside. However, there's usually a cell phone number in the window of the double-parked car, and a quick phone call to the owner solves the problem in no time at all.

장소가 부족하여 이중주차가 빈번하다

한국은 주차 공간이 부족하기 때문에 (특히 서울과 같은 혼잡한 도시일 경우), 이중 주차가 보통이다. 이는 누군가의 차를 주차장에 가두어 버리기도 한다. 만약 차가 중립 상태로 놓여 있다면, 차를 옆으로 밀어둘 수 있다. 그렇지만 보통 이중주차 된 차의 유리창에는 전화번호가 있어서 즉시 주인에게 전화를 걸어 금새 문제를 해결할 수 있다.

Have facial expressions that are flat and dull

It is a part of Korean culture not to reveal your inner feelings to others. This is partly because Koreans are taught from childhood that you shouldn't laugh excessively. Americans are much more open with their emotions, especially laughter, so a Korean's flat expression can cause misunderstandings for Americans who are used to greeting strangers with a smile. Some customers at Korean stores in Los Angeles and other cities in the U.S. may feel that the shopkeepers are condescending due to this trait, but this is primarily due to a lack of understanding of this aspect of Korean culture.

얼굴이 굳어 있고 표정이 없다

다른 사람에게 속마음을 드러내지 않는 것은 한국 문화의 일부분이다. 이러한 경향은 한국인들이 어렸을 때부터 헤프게 웃으면 안된다고 교육받는 데에서 비롯되기도 한다. 미국인들은 자신의 감정 표현, 특히 웃음에 있어서 훨씬 개방적이어서, 모르는 사람에게도 미소를 건네며 인사하는 미국인들에게 한국인들의 무표정한 얼굴은 오해를 사기 쉽다. L. A. 를 비롯한 미국 도시의 한국 상점을 찾는 손님들은 한국인 주인의 이런 태도가 오만하게 느껴질 수 있다. 그러나 이것은 한국 문화에 대한 이해 부족에서 생기는 오해이다.

Businesses or offices unlock only one door at the entrance (when there are double doors)

This is frustrating for Americans, who prefer a clearly defined path for entering and leaving a building. Foreign visitors in Korea may be momentarily caught wondering who should yield to whom at the narrow entrance.

양쪽으로 열리게 되어있는 출입문을 한쪽만 열어 둔다

건물의 입구와 출구가 명확히 구분되어 있는 것을 좋아하는 미국인들은 이것을 매우 불편하게 여긴다. 한국을 방문하는 외국인들은 좁은 출입구에서 다른 사람과 마주치게 되면, 누가 양보를 해야 할지 순간적으로 망설이게 된다.

Raise prices because the customer is a foreigner

Foreign visitors in Korea may think that this happens at markets, such as Namdaemun Market and in Itaewon, where shopkeepers do not use a fixed-price system and bargaining is expected. Many Korean stores, especially department stores, do, however, have fixed prices and attach price tags to their goods.

외국인이라는 이유로 물건값을 터무니없이 올린다

한국에 있는 외국인들은 정찰제를 적용하지 않고 흥정이 이루어지는 남대문시장이나 이태원 등에서 이런 일이 있을 수 있다고 생각한다. 그러나 특히 백화점과 같은 많은 한국의 상점들은 정찰제를 적용하며 상품에 가격표를 부착하고 있다.

Female janitorial staffs clean the men's room while men are still using it

North American men find the entrance of female janitorial staff to be more than shocking — especially since the female janitorial staff don't seem to care whether the men's room is occupied or not.

사용 중인 남자 화장실을 여자 청소부가 청소한다

미국 남자들은 한국 남자 화장실에 여자 청소부들이 출입하는 것에 충격을 받는다. 특히 여자 청소부들이 남자들이 화장실을 사용 중인 데도 상관하지 않고 청소를 할 때는 더욱 그러하다.

Public restrooms are used by men and women in common

Imagine a woman leaving a toilet to find a man standing with his back to her. In some small buildings or restaurants in Korea where men's and women's toilets are in the same room, men and women use the restroom simultaneously. Even when the restrooms for men and women are separate, they are sometimes side by side. This is surprising and often embarrassing to Americans.

공중화장실이 남녀 공용으로 사용된다

화장실에서 나오는 여성이 자신에게 등을 돌리고 서 있는 한 남자를 보았다고 상상해보라. 한국의 작은 건물이나 식당에는 화장실이 남녀 공용으로 되어있기 때문에 남녀가 동시에 같은 화장실을 사용하게 된다. 또, 남녀 화장실이 별도로 있다고 하더라도, 바로 옆에 나란히 붙어 있는 경우가 있다. 이것은 미국인들에게는 놀랍고도 종종 당황스러운 일이다.

Public restrooms often do not have toilet paper or paper towels

"Oh, no!" This can be a very unpleasant surprise for an unprepared American. Koreans often carry small packets of tissue for just such a situation, and they usually carry a handkerchief to use as a hand towel.

공중화장실에 화장지나 종이 타월이 없는 경우가 자주 있다

"맙소사!" 이것은 화장지를 준비하지 않은 미국인들에게는 정말 불쾌한 경험이다. 한국인들은 이런 경우를 대비하여 휴대용 티슈를 갖고 다니며, 손을 닦을 손수건을 가지고 다니는 것이 보통이다.

Common American Behavior

Koreans find it upsetting
or peculiar when Americans...

일반적인
미국인의
행동

Beckon someone using the index finger

Americans commonly use an upturned index finger to beckon someone. Koreans use their index finger only when beckoning animals, never to beckon a person. A Korean will beckon another person by waving the whole hand with the fingers pointing downward, never upward.

둘째 손가락을 이용해서 사람을 부른다

미국인들은 사람을 부를 때 흔히 둘째 손가락을 세워서 사용한다. 한국인들은 동물을 부를 때나 둘째 손가락을 사용하며, 사람을 부를 때는 절대 그렇게 하지 않는다. 한국인은 손가락 전체를 아래로 한 채 손을 흔들면서 다른 사람을 부르며, 결코 위로 향하게 하지 않는다.

Use their index finger to point at someone

Many Americans do this to gain the full attention of another person. Even though in the U.S. this gesture is often considered to be rude, it is more so in Korea, where it seems like an accusation. In Korea, you should instead use an open palm to gesture in the other person's direction.

둘째 손가락으로 사람을 가리킨다

많은 미국인들은 상대방의 주의를 끌기 위해서 이렇게 한다. 미국에서도 종종 이런 제스처가 무례한 행동으로 간주되지만, 한국에서는 더욱 더 무례한 행동이며, 상대방을 비난하는 것처럼 여겨진다. 한국에서 사람을 가리킬 때는 손가락 대신, 그 사람이 있는 방향으로 손바닥을 펴서 가리켜야 한다.

"Steal" a child's nose in fun and show it to him by placing one's thumb between the index and middle finger

While in the U.S. this is just a traditional way of teasing a young child, in Korea it has the same insulting meaning as an extended, upturned middle finger in the U.S. This can cause you serious embarrassment.

어린아이의 코를 떼어간다는 우스개의 의미로 검지와 중지 사이에 엄지를 끼워보인다

미국에서 이런 제스처는 어린아이를 놀리는 행동인 반면, 한국에서 이 행동은 미국에서 중지를 치켜 세워 내미는 것과 같이 모욕적인 의미를 담고 있다. 이 행동은 상대방을 매우 당황하게 할 수 있다.

Shake hands too firmly

"Ouch! That hurts!" American men often shake hands firmly as a sign of confidence, sincerity or friendliness. At the very least, they expect some pressure in the grip of their counterparts. A traditional Korean greeting is accomplished with a bow, rather than a handshake. While Koreans may have adopted the western handshake, Americans should be careful not to be overzealous in shaking hands with Koreans.

악수를 너무 세게 한다

"아이구, 아파!" 미국 남성들은 종종 신뢰감, 정직함 또는 친밀감의 표시로 힘찬 악수를 하며, 최소한 상대방이 악수를 할 때 약간이라도 힘을 주기를 기대한다. 전통적인 한국의 인사 방식은 악수를 하기보다는 절을 한다. 한국인들이 서양의 악수를 받아들였지만, 미국인들이 한국인과 악수할 때 너무 격렬하게 하지 않도록 주의해야 한다.

Smoke in front of elders

In Korea, one should never smoke in front of an elder, even if the older person is smoking; it is considered rude. While many Americans have given up smoking, those who do are prone to do so without being aware that their action can give offense to Koreans in certain settings.

연장자 앞에서 담배를 피운다

한국인은 연장자가 담배를 피운다 하더라도, 연장자 앞에서는 결코 담배를 피우지 않는다. 이것은 무례한 행동으로 간주되기 때문이다. 미국인들 중에서 담배를 끊은 사람들이 많지만, 흡연하는 미국인들은 자신의 행동이 경우에 따라서 한국인에게 불쾌감을 준다는 사실을 알지 못한 채 담배를 피우는 경우가 있다.

Use one hand to give or receive something from elders

Americans usually use one hand when giving or receiving something. In Korea, younger people show respect for an elder by using two hands to give or receive an item. A somewhat lesser degree of respect is sometimes appropriate and is expressed by extending one hand to give or receive something while the free hand is either tucked under the extended arm or grips the extended wrist. To simply extend one hand to elders while the other hangs free or is engaged in another activity is considered rude in Korea.

연장자에게 한 손으로 물건을 주고 받는다

미국인들은 대개 한 손으로 물건을 주고 받는다. 한국의 젊은이들은 물건을 주고 받을 때 두 손을 사용함으로써 연장자에게 존경심을 나타낸다. 때로는 다소 존경심이 덜한 방법이 적절할 때도 있는데 이때는 한 손으로 내민 팔을 받치거나 내민 팔의 손목을 잡은 채 한 손을 뻗어 물건을 주고 받는다. 두 손으로 아무것도 하지 않으면서 한 손만 내밀거나 한 손으로 뭔가를 하면서 다른 한 손만 내미는 것은 무례한 것으로 간주된다.

Wave instead of bow when they encounter a person of higher status

Koreans invariably bow or nod to a superior or an elder when they happen to meet in passing. Americans, preferring to maintain the ideal that both parties are "equal," usually wave to each other. This leveling of social stature does not sit well with Koreans.

상급자에게 인사를 하는 대신 손을 흔든다

한국인들은 상사나 연장자와 마주치게 되면 항상 허리를 굽히거나 고개를 숙여 인사를 한다. 상급자와 하급자가 동등하다고 생각하는 미국인들은 대개 서로 손을 흔든다. 이러한 사회적 지위의 평준화는 한국인들에게는 생소한 것이다.

Keep hands in pockets while speaking

This casual posture is common among Americans, from two friends standing and talking all the way up to the President of the country at a press conference. It indicates a feeling of being at ease. For Koreans, on the other hand, especially for older people, it may appear as if the other person is being disrespectful, isn't really listening or doesn't care what the speaker is saying.

대화 중에 주머니에 손을 넣고 있다

서서 대화하고 있는 친구 사이에서부터 기자회견 중인 대통령에 이르기까지 미국인들은 이런 격의없는 자세를 흔히 취한다. 이것은 그 사람이 긴장하고 있지 않은 편안한 상태임을 보여주는 행동이다. 그러나 한국인들, 특히 연장자들에게는 상대방을 존중하지 않거나, 상대방의 이야기에 귀기울이지 않거나 전혀 관심이 없는 태도로 보일 수 있다.

Use too much eye contact during conversations

Direct eye contact is an important part of successful communication between Americans. It conveys genuine interest, sincerity and even respect. To Koreans, however, it seems that Americans stare too intensely and too long during conversations. In order for Koreans to feel comfortable, look at the person you are speaking to for a moment, look away, and then make eye contact again.

대화 중에 너무 빤히 쳐다본다

미국에서는 상대방의 눈을 쳐다보는 것이 효과적인 의사소통을 하는 데 중요한 요소가 된다. 그것은 마음에서 우러난 관심과 정직, 존경의 표현이기도 하다. 그러나 한국인들은 대화 중에 미국인들이 너무 빤히, 그리고 오래 쳐다본다고 느낀다. 대화 중에 한국인을 편안하게 해주려면, 상대방을 잠시 본 다음에, 시선을 돌렸다가, 다시 상대방의 눈을 쳐다보는 것이 좋다.

Chew gum in social situations: while playing sports, or even conversing

Americans may be the world's champion gum chewers. To Koreans, however, they appear quite rude when they chew gum when talking. Not that Koreans do not chew gum; it is just that they generally do so much more discreetly.

운동 중에 심지어는 대화 중에도 껌을 씹는다

미국인들은 아마 세계에서 가장 껌을 많이 씹는 사람들일 것이다. 그러나 대화 중에 껌을 씹는 것은 한국인들에게는 대단히 무례하게 보인다. 한국인들도 껌을 씹긴 하지만 훨씬 더 때와 장소를 가려서 한다.

Wear shoes inside the home

Americans are used to wearing shoes inside a home, but in Korea shoes are never worn in the home, restaurants where patrons sit on the floor, Korean motels and even in some offices. In offices and motels, slippers are provided instead. While at the entrance to places where shoes are not worn there is a clearly indicated spot to remove your shoes, Americans who have just arrived in Korea often just walk in wearing their shoes, giving no thought to the consternation they are causing their host.

집 안에서도 신발을 신는다

미국인들은 집 안에서 신발을 신는 것에 익숙하지만, 한국에서는 가정, 손님들이 바닥에 앉는 식당, 한국식 여관, 심지어는 일부 사무실에서도 결코 신발을 신지 않는다. 대신 사무실이나 모텔에서는 슬리퍼가 제공된다. 신발을 신지 않는 곳의 입구에는 신발을 벗어두는 곳이 있지만, 한국에 온 지 얼마되지 않은 미국인들은 한국인 주인을 놀라게 할 거란 생각을 하지 못한 채 신발을 신고 안으로 들어온다.

Listen to loud music, especially in their cars

This inconsiderate behavior results from the right that lies at the heart of the American Constitution: freedom. Younger Americans love the freedom to drive and to listen to whatever kind of music they wish, however loudly they choose. Rebellious youths from the U.S. are the true ambassadors of this right. In Korea, loud music is confined to clubs. Even private homes are very conservative with regard to the volume of music, for they are quite conscious of their neighbor's feelings and their own family's image within the community.

차 안에서 음악을 크게 틀어놓는다

이런 경솔한 행동의 근원은 미국 헌법의 중심을 이루고 있는 자유의 권리에서 비롯된다. 미국의 젊은이들은 자유롭게 차를 몰고, 자신이 좋아하는 음악이면 뭐든지 원하는 만큼 크게 틀어놓고 듣는다. 특히 반항적인 젊은이들은 이런 권리의 행사를 좋아한다. 한국에서 시끄러운 음악은 클럽에서만 국한된다. 한국인들은 이웃의 감정이나 지역사회에서의 자기 가족의 이미지를 상당히 의식하기 때문에 가정집에서도 음악의 볼륨을 높이는 데는 신중을 기한다.

Call people (especially elders) by their first names

To build a trusting and cooperative friendship, many Americans will insist on using first names in business and social situations. This is disrespectful in Korea and Koreans consequently find it hard to do so, unless they are close friends. At work, Koreans normally use a person's job title, followed by the family name, for example, "Manager Jeong" or "President Kim," or use "Mister" or "Miss" in front of the family name. Koreans never call an elderly person by his first name.

연장자에게도 이름을 부른다

서로 신뢰하고 협조하는 친숙한 관계를 형성하기 위해 많은 미국인들은 사업상의 모임이나 사교적인 자리에서 이름을 불러줄 것을 고집한다. 한국에서 이것은 무례한 행동에 속하며, 한국인들은 아주 가까운 친구 사이가 아니면 이름 부르는 것을 어렵게 생각한다. 직장에서 한국인들은 대개 "정부장님", "김사장님"처럼 상대방의 성 뒤에 직함을 붙이거나 성 앞에 "미스터"나 "미스"를 붙여서 부른다. 한국인들은 절대로 연장자의 이름을 부르지 않는다.

Praise their family members in public

Americans like to praise their family members in public; however, Koreans generally do not because they think it is a virtue not to overtly praise their family. For example, they will not praise their spouses in public for their cooking or their beauty or their children for doing well in school.

공공연히 가족을 자랑한다

미국인들은 공공연히 가족들을 자랑하길 좋아한다. 그러나, 한국인들은 가족 구성원을 드러내 놓고 자랑하지 않는 것을 미덕이라고 생각하기 때문에 보통 가족 자랑을 하지 않는다. 예를 들면 배우자의 요리솜씨나 미모, 또는 아이들의 학교 성적을 공공연히 칭찬하지는 않는다.

Look upon all Asians as being of the same race

Koreans are generally offended when Americans ask, "Are you Chinese?" or "Are you Japanese?" Americans with little experience in Asia find it difficult to distinguish between Asian nationalities. It is better not to ask this kind of question and avoid the possibility of giving offense.

모든 아시아인들을 똑같은 민족이라고 생각한다

대체로 한국인들은 미국인들이 "당신은 중국인이십니까?"나 "당신은 일본인이십니까?"와 같이 물어올 때 기분이 상한다. 아시아에서의 경험이 별로 없는 미국인들은 아시아인들의 국적을 구별하기가 어렵다고 여긴다. 이런 종류의 질문을 피하여 불쾌감을 줄 가능성을 없애는 게 좋다.

Blow their noses loudly in public

This is extremely disgusting to Koreans, especially if done during a meal. Although some Americans turn away from the table and other people when doing so, it still makes Koreans very uncomfortable. Most Koreans would rarely do this in public.

사람들 앞에서 큰 소리로 코를 푼다

이것은 한국인들에게, 특히 식사 중일 때는 아주 기분이 상하는 행동이다. 어떤 미국인들은 식탁이나 사람들로부터 몸을 돌리고 코를 풀기도 하지만, 그렇게 하더라도 한국인들을 불쾌하게 하기는 마찬가지다. 대부분의 한국인들은 사람들 앞에서 거의 코를 풀지 않는다.

Joke around about sexual stuff in public

Americans openly make sexually suggestive jokes in public, simply assuming that no one around them understands English. As Koreans consider it quite inappropriate to talk about sexual things in public, they would find the jokes very offensive. With the abundance of American movies and television programs in Korea, more and more Koreans can understand or recognize many of the words or topics in the jokes, so to assume that they can't understand would be a miscalculation!

공공 장소에서 야한 농담을 한다

미국인들은 한국인들이 영어를 이해하지 못하리라 생각하고 공공 장소에서 성적인 농담을 거침없이 한다. 한국인들은 공공 장소에서 성적인 것에 관한 농담을 하는 것이 적절치 않다고 생각하기 때문에, 그런 농담들을 모욕적으로 받아들인다. 다량의 미국영화와 TV프로그램의 영향으로 인해 더욱 더 많은 한국인들이 그런 농담들을 이해하거나 구별할 수 있게 되었다. 그러니 당연히 한국인들이 전혀 알아듣지 못하리라 생각하는 것은 큰 착오이다.

Are too sensitive to people cutting in line

Koreans tend to be very tolerant of people cutting in line. In fact, it's almost unheard of to have someone mention anything about it. In America, everyone would start yelling and loudly complaining to those who try to butt in. It's O.K. to try to maintain order, but the overreactions from Americans sometimes seem too sensitive to Koreans.

끼어들기에 너무 예민하다

한국인들은 끼어들기에 사뭇 관대하다. 사실, 뭐라고 불평을 하는 목소리를 들을 수가 없다. 하지만 미국에서는 모든 사람이 끼어 드는 사람에게 소리를 지르거나 불평을 할 것이다. 질서를 지키자는 것은 좋으나 너무 지나친 반응들은 한국인들에게 가끔 너무 예민하게 비추어진다.

Eating food on the street is no problem

Americans can happily eat a sandwich or a hamburger while sitting on the front steps of a house, riding the bus or subway or walking on a busy street. Most Koreans do not feel comfortable with this. However, Americans eat on the go; in almost all public spaces.

길거리나 공공장소에서 음식을 먹는 것이 자연스럽다

미국인들은 집 앞 계단이나, 버스나 지하철 안, 복잡한 거리를 걸으면서 샌드위치나 햄버거 먹는 것을 좋아한다. 대부분의 한국인은 이러한 행동에 익숙지 않다. 그러나, 미국인들은 거의 모든 공공장소에서 먹으며 다니는 것에 익숙하다.

Wear clothing that doesn't suit well

This stems from the American belief in freedom and an individual's right to do what they please, regardless of what others around them may think. This philosophy often leads to unique fashion choices which may not be pleasing to the eye of onlookers. Koreans, who are very appearance-conscious, find this rather strange.

상대방의 이목보다는 자신이 좋아하는 옷을 입는다

이것은 다른 사람이 어떻게 생각하는지 와는 상관 없이, 그들을 기쁘게 하는 자유와 개인의 권리를 바탕으로 한 미국인들의 자유로움에 대한 신념에 의해 유래되었다. 이 사상은 종종 보는 사람이 언짢을 수도 있는 독특한 패션을 이끌기도 한다. 타인의 시선을 크게 의식하는 한국인들에게 이것은 이상하게 보일 수도 있다.

Watch a sporting match or jog while not wearing a shirt

Whether it's at a baseball game or in the city park, if an American male feels like taking off his shirt, it is perfectly acceptable to do so. However, not everyone enjoys seeing a half naked man; this is especially true in Korea.

웃옷을 입지 않고 경기 관람 또는 조깅을 한다

야구장이든 공원이든 미국인 남자가 웃옷을 벗고 싶다면 벗어도 상관없다. 그러나, 웃옷을 벗은 이런 모습을 누구나 다 보기 좋아하는 것은 아니며, 한국에서는 더욱 그렇다.

Wear sports shoes while wearing a suit

Americans, especially female professionals in business, often wear sports shoes when commuting, and change to dress shoes at the office. They do so because sports shoes are more comfortable to walk in.

정장을 입을 때도 운동화를 신는다

미국인들, 특히 미국의 직장 여성들은 종종 출퇴근할 때 운동화를 신고 사무실에서 구두로 갈아신곤 한다. 이것은 운동화가 발에 더 편하기 때문이다.

Adolescent girls wear make-up

Koreans tend to view this as rather precocious and improper. In Korea, most girls do not begin to use make-up until late in their teens.

사춘기 소녀들이 화장을 한다

한국인들은 소녀들이 화장을 하는 것은 조숙하고 어울리지 않는다고 생각한다. 한국에서는 대개의 소녀들이 10대 후반이 되어서야 비로소 화장을 시작한다.

Middle-aged and elderly persons wear "youthful" styles or loud colors

In Korea, people generally dress in accordance with their age. Young women may wear bright clothing, for instance, while older women will usually wear conservative clothing in muted colors. American thinking is that "you are only as old as you feel," so older people often wear casual clothing in a wide variety of styles and colors.

중년이나 노년의 사람들이 발랄한 스타일이나 야한 색깔의 옷을 입는다

한국인들은 대개 자신의 나이에 맞게 옷을 입는다. 예를 들면 젊은 여성들이 밝은 색의 옷을 즐겨입는 반면에, 나이든 여성들은 보통 무난한 색깔의 보수적인 옷을 입는다. "나이는 본인이 느끼기 나름"이라고 생각하는 미국인들은, 나이든 사람들도 다양한 스타일과 색상의 평상복 차림을 한다.

Do not place a high importance on acquiring a second language in order to receive a better job

English is considered the international language, which Americans often take for granted. As a result, many Americans do not understand the importance of acquiring a second language to improve their job prospects.

더 나은 직업을 얻기 위해 제2 외국어를 아는 것이 중요하다는 것을 알지 못한다.

미국인들은 영어를 국제적인 언어로 당연하게 여긴다. 결과적으로, 많은 미국인들은 그들의 직업을 향상시키는데 있어 제 2 외국어를 아는 것에 대한 중요성을 이해하지 못한다.

Sit with legs crossed in front of a superior

Although it is simply a comfortable way to sit in the U.S., in Korea, this casual style of sitting is not considered polite when in the presence of a superior or an elder. It is especially inappropriate for women, who customarily keep both feet on the floor, legs together or crossed at the ankles.

상급자 앞에서 다리를 꼬고 앉는다

이것은 미국에서 단지 편히 앉는 자세일 뿐이지만, 한국에서는 상급자나 연장자 앞에서는 이렇게 격의없이 앉는 것은 예의에 어긋난다고 생각한다. 여성의 경우 특히 그러한데, 여성들은 관례상 두 발을 바닥에 붙이고, 다리는 모으거나 발목 부분에서 교차시키는 것이 보통이다.

Put their feet up on a desk or chair in an office

This is a common way for Americans to relax. Americans have a commonly used expression, "Put your feet up and stay a while!" This is very impolite in a Korean office; it shows a lack of respect.

사무실에서 책상이나 의자에 발을 올려놓는다

이것은 미국인들이 휴식을 취할 때 흔히 취하는 자세이다. 미국인들은 "발을 올려놓고 잠시 쉬어라."는 표현을 즐겨 사용한다. 그러나 한국의 사무실에서 이런 행동은 존경심이 결여된 아주 예의없는 행동으로 간주된다.

Don't stand up when a superior enters the office

Koreans, who have been traditionally influenced by Confucianism, consider it important to show respect to their superiors or elders. When a superior enters the office, Korean workers usually stand up to show respect. Americans, on the other hand, raised in a more egalitarian culture, will say that showing respect is less important than doing their work.

상사가 사무실에 들어오더라도 일어나지 않는다

전통적으로 유교의 영향을 받은 한국인들은 상급자나 연장자에게 존경심을 표하는 일을 매우 중요하게 여긴다. 상사가 사무실에 들어오면 한국의 사원들은 대개 존경심을 표하기 위해 자리에서 일어난다. 반면에, 평등주의의 환경 속에서 자란 미국인들은 실제 업무가 존경심을 표하는 일보다 더 중요하다고 할 것이다.

Toss and throw items on the desk of their superiors

As long as it is not in a display of anger or disgust, Americans feel that it is okay to gently toss a pen, folder or something else onto the desk of their superiors. Even when it is out of anger, it is often viewed as "civil disobedience" and overlooked by the superior. In Korea, however, it is cause for immediate dismissal. If handing things to your boss with one hand is considered rude in Korea, consider how rude throwing something would be!

상사의 책상에 던지듯 물건을 내려 놓는다

미국인들은 혐오감이나 분노의 표출이 아닐 경우에는 펜이나 폴더 같은 물건을 상사의 책상에 가볍게 던져 놓는 걸 아무렇지 않게 생각한다. 화가 났을 경우라도 "시민적 불복종"으로 여겨져 상사가 흔히 크게 개의치 않는다. 하지만 한국에서의 그런 행동은 당장 해고감이다. 한 손으로 물건을 건네는 것도 무례하다고 여겨지는데 던지는 행동은 어떠할 지 생각해 보라.

Make the sound "Uh-huh" when a superior is speaking

In the U.S., people often utter this sound to indicate that they are listening during a conversation. But in Korea, it is similar to the sound used when a superior is listening to a subordinate. Therefore, you should be careful not to make these sounds when you respond to older Koreans.

상사가 얘기하는 중에 "어-허"하는 소리를 낸다

미국인들은 상대방의 이야기에 열심히 귀를 기울이고 있다는 뜻으로 이런 소리를 낸다. 그러나 한국에서 이 소리는 상사가 하급자의 이 야기를 듣는 중에 내는 것과 비슷한 소리이다. 따라서, 나이많은 한 국인과 얘기할 때 이런 소리를 내지 않도록 주의하는 것이 좋다.

Cross their arms when talking

To Americans, this is a casual posture which simply indicates that the person is considering something carefully. But in Korea it more often conveys sternness or disapproval toward the other person.

대화 중에 팔짱을 끼고 있다

미국인들에게 이것은 뭔가 주의깊게 생각하고 있을 때 취하는 격의 없는 자세에 불과하다. 그러나 한국에서 이런 태도는 종종 다른 사람의 의견에 대한 단호함이나 불찬성을 의미한다.

Sit on a table or desk when lecturing

In American schools, this relaxed posture shows that the teacher and the students enjoy an informal, friendly relationship. In Korea, a teacher's social position is much higher than that of the students, and consequently Koreans generally feel that the classroom is not a place for informality. Likewise, this kind of informality is common in many American businesses during presentations, but Korean workers find it uncomfortable.

강의 중에 테이블이나 책상에 앉는다

미국의 학교에서, 이런 편안한 자세는 교사와 학생이 허물없고 친밀한 관계를 지니고 있음을 보여준다. 한국에서는 교사의 사회적 지위가 학생보다 훨씬 높으며, 한국인들은 교실이 스스럼없는 장소가 되어서는 안 된다고 생각한다. 마찬가지로, 미국 회사에서 이와 같은 격의없는 행동은 발표시에 흔히 있는 일이지만, 한국 직장인들은 이 행동을 못마땅하게 생각한다.

Hold a pen or pencil in their mouths

Yuck! Americans frequently chew or suck on writing instruments while listening to a lecture or presentation or while thinking. It seems to convey a sense of deep concentration, but it looks rather unrefined and childlike to Koreans.

입에 필기 도구를 문다

웩! 미국인들은 강의나 발표를 듣거나 생각에 잠겨있는 동안, 자주 필기도구를 씹거나 빨곤 한다. 그런 행동은 뭔가에 깊이 몰두하고 있다는 뜻이지만, 한국인들의 눈에는 품위없고 유치한 행동으로 보인다.

Aren't patient when waiting for someone

Americans get uncomfortable if they are kept waiting for more than 15-20 minutes. They may give up and go on to other business if the person does not show up by then. In Korea, heavily congested traffic conditions often make it difficult to arrive for a meeting on time, so Koreans accept this as normally unavoidable. Americans in Korea should try to be a bit more patient.

사람을 기다리는 데에 있어서 참을성이 없다

미국인들은 15분 내지 20분 이상 기다리게 되면 불쾌하게 여긴다. 그때까지 약속한 사람이 오지 않으면 그들은 기다리기를 포기하고 다른 일을 보러 갈 것이다. 한국에서는 매우 복잡한 교통 상황 때문에 종종 시간에 맞춰 모임에 도착하기 어려울 수 있어, 한국인들은 늦는 것을 대개는 어쩔 수 없는 것으로 받아들인다. 한국에 있는 미국인들은 조금 더 인내심을 가질 필요가 있다.

Speak directly or aggressively

This style of communication is considered by many Americans to be clear and appropriate in most situations. To Koreans, however, it usually appears unrefined or intimidating. Americans like to come to the point quickly; Koreans usually introduce lots of background information before coming to the point.

직접적, 공격적으로 얘기한다

많은 미국인들에게 이런 대화방식은 대개의 상황에서 명확하고 적절한 의사표시로 받아들여진다. 그러나, 한국인들에게는 그런 말투가 퉁명스럽거나 협박하는 것처럼 느껴질 수 있다. 미국인들은 이야기의 핵심으로 바로 들어가는 것을 좋아하지만, 한국인들은 대개 핵심을 이야기하기 전에 배경 설명을 길게 하는 편이다.

When receiving a business card, simply put it in a pocket without really looking at it

American businessmen may cause serious offense or even ruin potential business deals by not carefully examining cards from their Korean counterparts. Status and position are very important in Korea. When meeting someone for the first time, it shows respect when you take the time to read an offered business card.

명함을 받아서 제대로 읽어보지도 않고 주머니에 넣는다

미국인 사업가들은 한국인이 건네준 명함을 주의깊게 보지 않음으로써 상대방을 모욕하거나, 심지어 성사 가능성이 있는 거래를 놓칠 수도 있다. 한국에서 지위나 직책은 매우 중요하다. 사람을 처음 만날 때, 상대방으로부터 받은 명함을 읽는 시간을 가지는 것은 존경의 표시이다.

Complain directly to superiors

In the U.S., the proper and the most effective way to have something done is to tell someone about the problem straight out. A Korean company worker will generally try to let a superior know about problems in a much less direct manner, possibly by talking about the problems while out drinking with his boss.

...and I really don't like...!!!

상사에게 직접 불평을 말한다

미국에서 문제를 해결하는 적절하고 가장 효과적인 방법은 직접 털어놓고 얘기하는 것이다. 한국의 직장인은 훨씬 간접적인 방법으로 문제를 상사에게 알리려고 하는데, 상사와 술자리를 함께 하면서 문제에 관해 상의하기도 한다.

Say "Korean time" to describe being late

American culture is built around time and being late for appointments is considered rude and to indicate a lack of seriousness in business. Koreans are actually quite impatient and value doing things on time; even though heavy traffic often makes it impossible to arrive on time. While Americans have come to use this phrase to express their frustration with people being late in Korea, many Koreans feel the implied criticism is unfair.

약속시간에 늦는 것을 "코리언 타임"이라고 한다

미국 문화는 시간을 중심으로 형성되며, 약속 시간에 늦는 것은 무례하고 사업에 있어서 진지함이 결여된 것으로 간주된다. 한국인들은 실제로는 참을성이 부족하며, 교통 혼잡으로 정각에 도착하지 못하게 되기도 하지만 시간에 맞춰 일하는 것을 중요하게 생각한다. 미국인들은 한국인들이 늦는 것에 대해 자신들의 답답함을 표현하기 위해 "코리언 타임"이란 어구를 사용하게 되었지만, 많은 한국인들은 이 어구가 포함하고 있는 비난의 의미가 부당하다고 생각한다.

Write a person's name in red

In Korea, names are written in red only after one is deceased. Americans have no problem with names written in a variety of colors, but when in Korea, never use a red pen to write someone's name. Please!

빨간색으로 사람 이름을 쓴다

한국에서는 죽은 사람의 이름을 쓸 때에만 빨간색을 사용한다. 미국에서는 어떤 색깔로 사람의 이름을 쓰든 문제가 되지 않지만, 한국에서는 절대로 남의 이름을 쓸 때 빨간색을 사용하지 마라. 제발!

Don't do anything for free

The phrase, "Time is money," is a good description of how Americans approach business. To an American in business, doing something for nothing seems to go "against the grain." In Korea, long-term business relationships are nurtured by occasionally doing something which is not accompanied by an invoice.

돈을 받지 않고는 아무 일도 하지 않는다

"시간은 돈이다."라는 문구는 미국인들이 어떻게 사업에 임하는지를 잘 나타내주고 있다. 사업에 있어서 미국인에게는 이득없이 일을 하는 것은 구미에 맞지 않는 듯하다. 한국에서는 가끔 돈이 생기지 않는 일을 함으로써 장기적인 사업 관계가 형성된다.

Joke around a lot while working

"Hey, there! Working hard or hardly working?" Both Americans and Koreans like to give the impression that they are competent and in control of things. Americans do it with an air of relaxation and a sense of humor; Koreans by a sense of alertness and quick activity. Koreans may feel that Americans are "not serious" about their work. And Americans may think that Korean workers are too "uptight."

업무 중에 농담을 많이 한다

"이봐, 일을 하는 거야, 마는 거야?" 미국인이나 한국인이나 자신이 유능하며, 업무 파악을 잘 하고 있다는 인상을 주고 싶어하는 것은 마찬가지이다. 미국인들은 여유와 유머를, 한국인들은 민첩함과 즉각적인 행동을 보임으로써 자신의 능력을 나타내고 싶어한다. 한국인들은 미국인들이 업무에 대해 "진지하지 않다"고 느낄 수 있는 반면, 미국인들은 한국인들이 지나치게 "경직되어 있다"고 생각하기도 한다.

Strictly separate work time and private time

American employees usually feel that their responsibilities to the company end when they have finished their clearly defined duties. Thus, they may take extended breaks, do personal work or leave the office exactly at quitting time. For Koreans, company spirit and loyalty are very important, so they feel compelled to stay and work (or try to look like they are working) until the boss leaves for the day.

업무 시간과 사적인 시간을 지나치게 구분한다

미국의 직장인들은 대개 자신에게 할당된 업무를 끝내기만 하면 회사에 대한 책임을 다하는 것이라고 생각한다. 그래서 그들은 휴식시간을 연장하거나, 사적인 일을 하기도 하며, 정시에 퇴근한다. 한국인들은 애사심과 충성심을 매우 중시하기 때문에, 상사가 퇴근할 때까지 사무실에 남아서 일을 해야 한다고 (또는 일하는 척이라도 해야 한다고) 생각한다.

Take legal action instead of trying to solve serious disputes on a personal level

No lawyer jokes in Korea! In fact, there are relatively few lawyers. To Koreans, it seems that Americans are much too quick to turn to the legal system to resolve disputes. Koreans generally resort to lawsuits only when all other avenues have failed.

개인적으로 해결 가능한 분쟁에 대해 법적 조치를 취한다

한국에는 변호사에 관한 농담이 없다! 사실상, 미국에 비하면, 한국에는 변호사의 수가 매우 적다. 한국인들은 미국인들이 분쟁을 해결하는 과정에서 너무 성급하게 법적인 방법에 호소한다고 생각한다. 한국인들은 다른 해결 방법이 모두 실패했을 때 비로소 소송을 제기한다.

Express trivial complaints in writing

Americans like to have everything in writing to avoid disputes in the future which might arise out of a misunderstanding. Although Koreans accept this, they dislike the way Americans complain about even trivial matters in writing. In such cases, Koreans would prefer that Americans complain verbally, instead of in writing. Koreans do, on the other hand, appreciate having compliments expressed in writing.

사소한 불만을 서면으로 표현한다

미국인들은 오해로 인해 향후에 발생할지도 모르는 논란을 피하기 위해서 모든 것을 서면으로 작성하고 싶어한다. 한국인들은 이를 받아들이기는 하지만, 사소한 문제들까지 미국인들이 서면으로 불평하는 것을 좋아하지 않는다. 그런 경우에 한국인들은 미국인들이 서면으로 불평하기보다는 말로 불평하는 것을 더 좋아한다. 반면에 한국인들은 서면으로 칭찬받는 것을 감사하게 생각한다.

Stick their silverware straight up in a bowl of rice during a meal

Koreans set their silverware alongside their bowl or plate. They will stick silverware straight up in a bowl only during memorial services for deceased family members.

식사 중에 밥에 수저를 꽂아 둔다

한국인들은 수저를 그릇이나 접시 옆에 나란히 놓는다. 밥에 수저를 꽂는 것은 조상에게 제사를 지낼 때나 있는 일이다.

Aren't willing to try new foods

Many Koreans complain that Americans are finicky about what they eat. Korean food features a huge variety of dishes. Even what some Americans have come to refer to as the "infamous kimchi" comes in hundreds of variations. While Koreans do eat some things that seem strange to an American's way of thinking, visitors may be pleasantly surprised if they just taste some of the novel dishes available in Korea.

잘 모르는 음식은 먹어 보려고도 하지 않는다

한국인들은 미국인들이 음식에 대해 몹시 까다롭다고 불평을 한다. 한국에는 온갖 종류의 음식들이 있다. 일부 미국인들이 "악명높은 김치"라고 부르는 것도 수백여 가지에 달한다. 한국인들은 미국인이 이상하게 여길 것같은 음식을 먹지만, 한국을 방문하는 미국인들이 처음 보는 한국 음식을 먹어본다면 맛이 좋다는 것에 놀라게 될 것이다.

Take "NO!" as a "NO!" when eating

If an American asks a Korean guest if he or she would like more to eat, the Korean will generally say "no" the first time, but if urged will eventually give in. Generally, it is good practice to offer something at least three times. The American, however, will hear "no" and believe the Korean guest – often leaving him hungry.

식사할때 예의상의 거절을 액면 그대로 받아들이고 더 이상 권하지 않는다

한국인들은 대개 음식을 더 권하면 처음에는 "됐다"고 하지만 자꾸 권하면 결국은 권유를 받아들인다. 일반적으로 최소한 세 번은 권하는 것이 관례이다. 그러나, 미국인들은 "됐다"는 말을 그대로 믿어버리고 한국인 손님을 배고프게 내버려두곤 한다.

Lick their fingers while eating

"Its finger lickin' good!" Americans may use their fingers for eating certain foods, such as fried chicken, hamburgers and pizza, and will even lick their fingers after a meal, especially in informal settings. While some Americans may object slightly to this practice, Koreans find this disgusting.

식사 중에 손가락을 핥는다

"손가락 핥는 맛이 기가 막힌데!" 미국인들은 닭튀김, 햄버거, 피자 등과 같은 음식을 먹을 때 손가락을 사용하고, 식사 후에 특히 비공식적인 자리에서 손가락을 핥기도 한다. 일부 미국인들도 이러한 행동을 싫어하기는 하지만, 한국인들은 이런 행동을 혐오스럽다고 생각한다.

If someone fill your glass, leave the glass empty

In America, if someone pours you a drink you usually drink it with them right away and then leave the glass empty. It can be seen as rude to leave the glass filled. However in Korea, if you have an empty glass someone should fill it again, and leaving the glass filled is common practice.

상대방이 채운 잔은 비우는 것이 예의이다

미국에서는 만약 누군가가 자신의 잔을 채우면, 바로 사람들과 함께 마시고 잔을 비운 상태로 남겨 놓는 것이 보통이다. 잔이 채워진 채로 남겨두는 것은 무례해 보일 수도 있다. 그러나, 한국에서는 만약 잔이 비어 있다면, 누군가가 잔을 채워줄 것이며, 잔에 술이 채워진 상태로 남겨두는 것이 일반적이다.

Fill up someone's glass before it's completely empty

"Can I top you up?" In Korea, it is a custom to empty a glass before filling up a person's glass. But, in America it's considered good manners to always make sure that all the people at the table have a full glass so the drinking is even and nobody is having too much or more than another person.

술이 남아 있는 잔에 술을 붓는다

"더 부어 드릴까요?" 한국에서는 술이 아직 남아 있는 잔의 술을 비우고 따르는 것이 관습이다. 하지만 미국에서는 술잔이 비지 않도록 계속 채워두는 것이 모든 사람이 똑같이 골고루 마실 수 있는 좋은 매너라고 생각한다.

Don't pour drinks for anyone else

Koreans consider it bad form to pour one's own drink unless one is alone. You should pour for others, who will in turn pour for you. Especially when the other person is older, don't forget to pour his drink, and do it with two hands. Americans, who are accustomed to pouring their own drinks whenever they feel like it, may unintentionally leave their Korean hosts feeling uncomfortable (and thirsty!).

다른 사람의 잔에 음료수를 따라 주지 않는다

한국인들은 혼자 마시는 경우가 아니라면 음료수를 자신의 잔에 직접 따르는 것은 모양이 좋지 않다고 생각한다. 함께 술을 마시는 사람들은 서로 상대방의 잔을 채워 주어야 한다. 특히, 상대방이 연장자인 경우는 두 손으로 따라 주어야 한다는 것을 명심하라. 마시고 싶을 때 자신이 직접 따라 마시는 미국인들은 자신도 모르는 사이에 동석한 한국인을 불쾌하게 (그리고 목마르게) 할 수 있다.

Begin drinking as soon as their glasses have been filled

"Hey, I've got mine." Most Americans don't wait until everyone's glass is full, unless an important toast is about to be proposed. But in Korea, people almost always wait until everyone has had their glasses filled to begin drinking. "Cheers!"

자신의 잔이 채워지자마자 먼저 마셔 버린다

"자, 내 잔은 채워졌군!" 대부분의 미국인들은 중요한 건배를 할 경우가 아니면 동석한 사람들의 잔이 모두 채워질 때까지 기다리지 않는다. 그러나 한국에서는 거의 예외없이 모든 사람의 잔이 채워져 마실 준비가 될 때까지 기다린다. "건배!"

Talk too much while eating

For Americans, meal time is also a time for socializing; therefore, silence at the table creates an uncomfortable atmosphere. American-style repartee allows one person to talk while the other is chewing; then the roles are reversed. Koreans are taught not to talk much while eating. In Korea, socializing usually begins after the meal, over drinks.

식사 중에 말을 너무 많이 한다

미국인들에게 식사시간은 사교의 시간이기도 하므로, 식사 중에 침묵하는 것은 분위기를 불편하게 만든다. 미국식의 재담은 한사람이 음식을 씹는 동안 다른 사람은 얘기를 하고, 그 다음에는 역할을 바꾸는 식으로 이루어진다. 한국인들은 식사를 할 때는 말을 많이 해서는 안 된다고 교육받는다. 한국에서 사교 시간은 대개 식사 후에 술을 마시면서 시작된다.

Don't offer to share their food

Out of politeness, Koreans will offer to share their food with their friends and often eat soup from a common bowl. Americans very rarely do this because they believe this practice is unsanitary. Koreans may view this behavior as an example of selfishness or greediness.

음식을 나눠 먹자고 권하지 않는다

예의상, 한국인들은 친구와 음식을 나눠 먹을 것을 권하며 종종 같은 그릇에 담긴 국을 함께 나눠 먹는다. 미국인은 음식을 나눠 먹는 것이 비위생적이라고 믿기 때문에 이런 일은 매우 드물다. 한국인들은 미국인의 이러한 행동을 이기적이거나 탐욕스럽다고 생각한다.

Talking to strangers in public

In America, it's ok to start a light, informal conversation with a stranger who happens to be next to you. However in Korea, this behavior may seem strange.

공공 장소에서 모르는 사람과 쉽게 이야기를 나눈다

미국에서는 옆에 있는 낯선 사람과 가볍게 대화 하는 것이 괜찮다. 그러나 한국에서 이러한 행동은 이상하다.

Use sarcasm

Among friends, sarcasm is a common tool used by Americans in conversation, but Koreans hardly, if ever, use it. It often takes the form of a humorous ironic statement (e.g., saying "Oh, that's great" to imply that a situation is not good). Americans should avoid using sarcasm when interacting with Koreans. It will most likely not be understood, or worse, it may be taken literally.

비꼬는 말을 한다

친구와의 대화 중에 말을 비꼬는 것은 미국인들에게는 흔한 일이지만 한국인들은 좀처럼 그렇게 하지 않는다. 이런 빈정거림은 종종 역설적인 농담의 형식으로 표현된다 (예를 들어, 상황이 좋지 않은 때에 "그것 참 잘됐군."이라고 말하는 등으로). 미국인들은 한국인과 이야기할 때 말을 비꼬지 말아야 한다. 그런 말은 제대로 이해되지 않거나, 심지어 액면 그대로 받아들여질 수도 있다.

Tease others

This is a common form of interaction among Americans, especially young people. Most teasing is good-natured, and in understanding this, the person being teased should take it in stride. In Korea, though, teasing is not so common, except in informal situations. Koreans may be highly offended by casual, humorous "insults" directed at them. Thus, Americans should be extremely cautious or simply refrain from teasing.

다른 사람을 놀린다

이것은 미국인, 특히 미국 젊은이들이 즐겨 사용하는 대화법 중의 하나이다. 악의가 없는 경우가 대부분이기 때문에, 놀림의 대상이 된 사람도 이를 잘 받아들인다. 그러나, 한국에서는 허물없는 자리가 아니면 다른 사람을 놀리지 않는다. 한국인들은 미국인들의 격의없고 익살스러운 "모욕"에 매우 기분이 상할 수도 있으므로, 미국인들은 한국인 친구를 놀릴 때 세심한 주의를 하거나 아예 삼가는 것이 좋다.

Flirt too overtly

How about a smile, a wink, a casual touch of a foot under the table? Young Americans enjoy flirting and feel it is quite harmless. But many Koreans will be shocked and confused by it.

공공연하게 추근댄다

미소를 짓거나, 윙크를 하거나, 테이블 밑에서 장난삼아 발을 건드리는 등의 행동은 어떠한가? 미국의 젊은이들은 서로 장난치기를 좋아하고, 그런 행동이 불쾌감을 준다고 생각하지 않는다. 그러나 많은 한국인들은 그런 행동에 매우 놀라고 당황해 할 것이다.

Brag about themselves

In the U.S., one is often expected to promote one's own accomplishments, to "blow one's horn." To Koreans, who prefer a more self-effacing and humble approach, this seems arrogant.

자화자찬을 한다

미국에서는 자신이 성취한 것에 대한 얘기, 즉, 자화자찬을 해야 할 상황이 종종 있다. 자신을 내세우지 않고 겸손을 미덕으로 삼는 한국인들은 이런 것이 오만한 태도라고 생각한다.

Speak English too quickly and overuse slang and idioms

Many Americans seem to expect that anyone who can utter a simple English greeting must be fluent in the language. Don't frustrate your Korean host (who may well understand basic vocabulary and sentence patterns) by using rapid-fire expressions which probably do not appear in English conversation textbooks.

빠른 영어로 말하면서 속어나 관용구를 남용한다

대부분의 미국인들은 간단한 영어 인사 정도를 할 줄 아는 사람이면 으레 영어를 유창하게 말할 수 있을 거라고 생각하는 듯하다. 영어 회화 교재에도 없는 표현을 속사포처럼 쏘아 대서 (기본 어휘와 문장 형태 정도를 알고 있는) 상대방 한국인을 당황하게 하지 마세요.

Challenge another person's opinions

"You must be kidding! I think..." Americans often do this simply to spice up the conversation. It is not so common among Koreans, who often prefer to agree and move on to other topics. Americans who do this in Korea risk affronting those with whom they are speaking.

다른 사람의 의견을 공박한다

"농담이시겠지요! 제 생각으로는…" 미국인들은 단지 대화를 활기차게 하려고 종종 이렇게 말하곤 한다. 한국인들에게 이것은 매우 드문 일로, 그들은 일단 동의하고 다른 화제로 넘어가기를 좋아한다. 한국에서 이렇게 말하는 미국인들은 상대방을 모욕하게 될 지도 모른다.

Use loud voices, big gestures and exaggerated facial expressions

Americans tend to be more animated than Koreans when speaking. Especially when speaking English to Koreans, Americans tend to raise their voices and use exaggerated gestures. They seem to forget that although many Koreans do not speak English fluently, they are not deaf.

시끄러운 목소리, 큰 제스처, 과장된 얼굴 표정을 한다

미국인들은 이야기할 때 한국인들보다 훨씬 활기에 차 있다. 특히, 한국인과 영어로 이야기할 때, 미국인들은 목소리를 높이고 과장된 제스처를 쓰는 경우가 많다. 미국인들은 많은 한국인들이 영어를 유창하게 말하지는 못하지만 귀머거리는 아니라는 사실을 잊어버리는 듯하다.

Call a Korean woman by her husband's family name

This confusion is caused by the American custom that women, after their marriage, generally take their husbands' family names. In Korea, women don't give up their family names after their marriage; they keep them until they die. If you call your Korean hostess by her husband's family name, she may not realize you are addressing her; Mr. Kim's wife may be Mrs. Park.

남편의 성으로 한국 여성을 부른다

이것은 결혼 후에 남편의 성을 따르는 미국의 관습 때문에 생기는 혼동이다. 한국 여성들은 결혼 후에도 자신의 성을 버리지 않고, 죽을 때까지 간직한다. 만약 한국인 부인을 남편 성으로 부른다면, 그녀는 그것이 자신을 가리키는 것인지 알아차리지 못할 지도 모른다. 김씨 부인의 성이 박씨일 수도 있다.

Go Dutch

In Korea, if someone suggests having dinner, you may expect to be treated. With the exception of the young generation, many Koreans are not accustomed to going Dutch. They expect the person who suggested the dinner to pay for it.

자신의 몫만 계산한다

한국에서 누군가 식사를 함께 하자고 청한다면 그것은 식사 대접을 하겠다는 의미로 받아들여도 좋다. 젊은 세대를 제외한 많은 한국인들은 각자 부담하는 일에 익숙치 않다. 한국인들은 먼저 식사를 하자고 청한 쪽이 식대를 계산할 것으로 기대한다.

Are too sensitive about mentioning their age

Some Americans, especially American women, are sensitive about their age. When a conversation happens to come to her age, an American woman may quickly try to change the subject or may even get irritated or annoyed. This sometimes embarrasses her Korean counterpart, who doesn't mean to insult her or to invade her privacy but only desires to become more familiar with her. Age is a standard by which Koreans determine how to behave toward others. Koreans are not as sensitive about their age as Americans.

나이를 묻는 질문에 지나치게 민감하다

어떤 미국인들, 특히 미국 여성들은 나이에 민감하다. 대화가 나이에 관한 것으로 흐르게 되면, 미국 여성은 재빨리 화제를 돌리거나 심지어는 화를 내기도 한다. 이런 반응은 상대방 한국인을 당황하게 하곤 하는데, 그 한국인은 미국 여성을 모욕하거나 사생활을 침해하려는 것이 아니고, 단지 좀 더 친해지려고 한 것이다. 한국인들에게 나이는 상대를 어떻게 대우해야 할지를 결정하는 기준이며, 한국인들은 미국인들만큼 나이에 민감하지 않다.

Won't wait for the "Walk" sign at an intersection

Some Americans are too impatient to wait for a "Walk" sign to cross the street, especially when there are no cars coming. This can set a bad example, particularly for small children who may be nearby.

횡단보도에서 보행신호가 켜지기를 기다리지 않는다

일부 미국인들은 횡단보도를 건널 때 보행신호를 기다릴 만큼의 참을성이 없으며, 특히 지나가는 차가 없을 때는 더욱 그러하다. 이것은 특히 주위에 있는 어린 아이들에게 나쁜 본보기가 될 수 있다.

Demand discounts on merchandise at every store

Korea has shopping areas such as Itaewon and Namdaemun, where bargaining over merchandise is acceptable and expected, but not all stores practice this, especially department stores. Even though some tour guide books recommend asking for discounts at certain places, it may not be acceptable at all the shops in an area.

아무 상점에서나 물건값을 깎아달라고 한다

한국에는 이태원이나 남대문처럼 물건값을 깎을 수 있는 쇼핑지역이 있다. 그러나 모든 상점에서 가격 흥정이 가능한 것은 아니며 특히 백화점에서는 불가능하다. 한국을 소개하는 어떤 여행 책자에는 일부 지역에서 쇼핑을 할 때 물건값을 깎는 것이 좋다고 되어 있지만 그 것이 그 지역의 모든 상점을 말하는 것은 아니다.

Think it is sometimes alright to ignore local traffic laws

Americans who drive in Korea often do things they would never consider doing in the U.S. Granted, many Korean drivers violate traffic laws, but they run the risk of getting a costly ticket. Since most Korean police do not speak English, American drivers in Korea have come to learn that even if they are stopped by the police for minor traffic violations they will not receive a ticket because of the language problem.

가끔 한국의 교통법규를 위반해도 괜찮다고 생각한다

한국에서 운전하는 미국인들은 종종 미국에서는 생각지도 못할 일들을 한다. 물론 많은 한국 사람들이 교통법규를 위반하고 있기는 하지만, 그들은 비싼 벌금을 낼 각오를 한다. 대부분의 한국 경찰관들이 영어를 못한다. 따라서 한국에서 운전하는 미국인들은 경미하게 교통법규를 위반하더라도, 언어 문제 때문에 한국 경찰들이 벌금 청구서를 발부하지 못할 거라는 것을 알고 있다.

Say that Seoul is especially dirty

Although the back streets of the major cities in the U.S. are also dirty, there does seem to be an unusual amount of dust and sand in Korea. This is caused, in part, by the unceasing construction that occurs on every street, resulting from rapid industrial development. Air pollution, which is a common problem in the world's major cities, is also one of the causes.

서울은 특히 더럽다고 말한다

미국 대도시의 뒷골목들도 지저분하기는 마찬가지지만 한국에는 특히 먼지나 모래가 많은 것같다. 이것은 부분적으로 급속한 산업발전으로 인해 도처에서 끊임없이 행해지는 공사 때문이다. 세계적인 대도시들의 공통적인 문제인 공해도 이 지저분함의 한 원인이다.

Don't try to learn Korean and expect Koreans to learn English

Korean is a notoriously difficult language for Westerners. Nevertheless, while living in Korea, a little effort at learning goes a long way. Everyday life becomes much more pleasant and interesting when one is able to interact with local people using their language.

자신들은 한국어를 배우려 하지 않으면서 한국인이 영어를 배울 것을 기대한다

한국어는 서양인들이 배우기 힘든 언어로 악명이 높다. 그러나, 한국에 사는 동안 한국어를 배우기 위해 약간만 노력한다면 많은 것을 얻게 될 것이다. 현지 사람들과 그들의 언어로 의사소통을 할 수 있게 되면, 일상생활이 훨씬 유쾌하고 흥미진진해질 것이다.

Walk on a "yo"

A "yo" is Korean bedding, not an overstuffed carpet. Walk around it, not on it. It should be folded up and put to one side (or put away in a closet) when it is not being used.

요위를 걸어다닌다

요는 속을 꽉 채운 카페트가 아니고 한국식 전통적인 침구이다. 따라서 요 옆으로 걸어다녀야지, 그 위를 밟고 다녀서는 안된다. 요를 사용하지 않을 때는 접어서 한 쪽으로 치워놓거나 장롱 속에 넣어야 한다.

Expect Koreans at American chain stores to speak English

Many Americans go to American chain stores like Starbucks, and McDonalds in Korea and expect the staff to speak English. This is not always the case. Employees are not native English speakers.

한국의 미국 체인점에서는 영어로 의사소통이 가능하다고 생각한다

많은 미국인들은 한국에 있는 스타벅스나 맥도날드와 같은 미국 체인점에 근무하는 종업원들이 영어를 할 수 있을 거라고 생각한다. 그러나 언제나 그렇지는 않다. 종업원들은 영어권 원어민이 아니기 때문이다.

Streets all have names and buildings all have addresses

Americans find it extremely difficult to navigate around Korea because of a lack of street signs and addresses. In America no matter how narrow or wide, or how short or long a street, road, or highway is, there is always a street sign to mark name of a street. In addition, there is always an address number that is clearly displayed on mailboxes, houses, and buildings to help people navigate and find where they are going to.

모든 거리와 빌딩에 각각의 이름과 주소가 쓰여 있다

한국의 거리에는 길의 이름표나 주소 표지판이 제대로 표시되어 있지 않기 때문에 미국인들은 한국에서 길 찾는 것을 매우 어려워한다. 미국은 길이 좁든 넓든, 짧든 길든, 작은 길이든 큰 길이든 길의 이름이 어디에나 표시되어 있다. 게다가, 우편함이나 집, 건물 마다 주소와 번지가 명확히 표시되어 있어서 사람들이 길을 찾는데 불편함이 없다

Describe the United States as a "dangerous" place

Although the U.S. has problems, many areas in the larger cities are safe and comfortable. Furthermore, most of the U.S. is made up of small cities and towns which are generally friendly, quiet and safe.

미국을 위험한 곳으로 묘사한다

미국이 많은 문제점을 안고 있는 것은 사실이지만, 대도시의 많은 지역은 안전하고 안락한 곳이다. 또한 미국의 대부분을 구성하고 있는 것은 대체로 정답고 조용하며 안전한 소도시와 마을이다.

Send their elderly parents to a nursing home

Americans are taught independence from an early age. Therefore, elderly parents typically prefer to live alone rather than with their children. Although the Korean custom for elderly care is undergoing change, it remains natural for older parents to live with their children.

노부모를 양로원에 보낸다

미국인들은 어릴 때부터 자립심을 배운다. 따라서 대개는 노부모들이 자식들과 함께 살기보다는 혼자서 살고 싶어한다. 한국에서도 노인을 보살피는 관습이 변화되고 있기는 하지만, 여전히 자식이 노부모를 모시고 사는 것을 당연하게 생각한다.

Think they are the best simply because they are from the United States

Most Americans who know anything about other cultures will not act superior, but those who do act this way offend their Korean hosts, who are also proud of their culture.

미국인이라는 이유만으로 자신들이 최고라고 생각한다

다른 나라의 문화에 대한 식견이 조금이라도 있는 대부분의 미국인들은 우월감을 내세워 행동하지 않는다. 그러나 우월감을 갖고 행동하는 미국인들은, 자신의 문화에 자부심이 강한 한국 국민들을 화나게 한다.

● Common Korean Behavior ●
일반적인 한국인의 행동

I. MANNERS
일상예절

* Women cover their mouths when they laugh.
  여자들이 웃을 때 손으로 입을 가린다.   21

* Suck air between their teeth.
  이 사이로 공기를 빨아들인다.   22

* Men shake hands too long or too limply.
  악수를 너무 오래 하거나 힘없이 한다.   23

* Sniffle continually instead of blowing their noses.
  코를 풀어버리지 않고 계속 훌쩍거린다.   24

* Men clean their ears in public.
  남자들이 사람들 앞에서 귀소제를 한다.   25

* Smoke anywhere without considering those around them.
  주위 사람들에 아랑곳하지 않고 아무데나 담배를 피운다.   26

* Are rude to service personnel in hotels, restaurants and stores.
  호텔, 식당, 상점 종업원에게 무례하다.   27

* Spit in public.
  공공장소에서 침을 뱉는다.   28

* Eat dried squid in public.
  공공장소에서 마른 오징어를 먹는다.   29

  * Parents let their children disturb others in public.

  부모들이 공공장소에서 주위 사람들에게 폐를 끼치는 아이를 내버려둔다.   30

* Stare at foreigners and talk about them in their presence.
  외국인을 빤히 쳐다보면서 면전에서 그들에 대해 이야기한다.   31

* Pat a young child on the behind.
  어린아이의 엉덩이를 토닥거린다.   32

* Just smile as a sign of greeting.
  인사의 표시로 미소만 짓는다.   33

* Wear jackets indoors.
  실내에서도 재킷을 벗지 않는다.   34

* Don't stand in line when they should.
  필요한 상황에서도 줄을 서지 않는다.   35

II. DRESS
복장예절

* Wear white socks with a suit.
  양복에 흰 양말을 신는다.   36

* Wear suits on inappropriate occasions.
  상황에 맞지 않게 정장을 입는다.   37

* Wear clothes imprinted with bizarre English words or phrases.
  잘못된 영어표현이 쓰여진 옷을 입고 다닌다.   38

* Walk around outside a hospital in hospital clothing.
  환자복을 입고 병원 밖을 걸어 다닌다.   39

III. 사무실 예절
AT THE OFFICE

* Spending the most time at work stands for loyalty.
  직장에서 오랜 시간을 보내는 것은 충성의 표현이라고 여긴다.   40

* Close their eyes at a meeting.
  회의 중에 눈을 감고 있다.   41

* Make invitations or important announcements at the last minute.

  마지막 순간에 초대하거나 중요한 발표를 한다.   42

* Engage in extensive small talk before getting down to business.

  본론에 들어가기 전에 장황하게 잡담을 한다.   43

* Don't say "No!"

  거절의 뜻을 분명히 밝히지 않는다.   44

* Don't contribute much to discussions.

  토론에 적극적이지 못하다.   45

* Brushing teeth at the work place is common.

  직장에서 양치질하는 것은 일반적이다.   46

* Wear sandals with a suit in the office.

  사무실에서 정장차림에 슬리퍼로 갈아 신는다.   47

* Place a roll of toilet paper on a desk in an office.

  사무실 책상에 화장실용 휴지를 놓고 쓴다.   48

* Regard seniority as more important than achievement or ability.

  업무능력보다 나이를 더 중요하게 생각한다.   49

* Regard connections as more important than ability in choosing job candidates.

  사원 선발에 있어서 능력보다 연고를 중시한다.   50

IV. AT THE TABLE
식사예절

* Wait until older people start eating.

  연장자가 식사를 시작할 때까지 기다린다.   51

* Wait until older people finish eating before leaving.
  연장자가 식사를 마칠 때까지 기다렸다가 자리를 뜬다.   52

* Use scissors to cut meat and vegetables.
  가위로 고기와 채소를 자른다.   53

* Everyone shares food from the same plate.
  음식을 한 그릇에 담아놓고 다 함께 먹는다.   54

* Slurp loudly while eating noodles or soup.
  면이나 국을 먹을 때 시끄럽게 소리낸다.   55

* Talk with their mouths full.
  입에 음식을 넣은 채 말한다.   56

* Wave a fork, knife, or chopsticks around while conversing during a meal.
  식사 중에 대화를 하면서 포크, 나이프, 젓가락을 흔든다.   57

* Reach across the table.
  식사 중에 식탁을 가로질러 물건을 집는다.   58

* Men unbuckle their belts during meals.
  식사 중에 허리띠를 푼다.   59

* Rinse their mouths noisily after a meal.
  식사 후에 소리내어 목을 가신다.   60

* Koreans tend to be loud in restaurants.
  음식점에서 큰소리로 이야기한다.   61

* Use toothpicks loudly at the table.
  식탁에서 요란하게 이쑤시개를 사용한다.   62

* Add cream and sugar to coffee without asking how you like it.
  물어보지도 않고 커피에 크림과 설탕을 넣어준다.   63

* Leave quickly after their meals.
  식사 후 바로 자리를 뜬다.   64

* Serve hot water in restaurants.
  식당에서 뜨거운 물을 준다.   65

* Drink on weekdays.
  주중에도 음주를 즐긴다.   66

* Offer their glass to another person to drink from.
  자신이 마신 잔으로 다른 사람에게 술을 권한다.   67

* Tend to insist that guests drink one more glass of alcoholic beverage.
  손님에게 술 한 잔 더 하라고 강요한다.   68

V. SOCIALIZING
사교예절

* Buying gifts without asking for a person's preference.
  상대방의 선호도를 묻지 않고 선물을 한다.   69

* Parent's opinion to marry is quite important.
  결혼에 대한 부모의 의견은 매우 중요하다.   70

* Live with parents though people are almost 30.
  나이가 찼어도 부모와 함께 산다.   71

* Koreans washing each other at public bath houses.
  공중 목욕탕에서 서로 몸을 씻어 준다.   72

* Ask personal questions.
  개인적인 질문을 한다.   73

* Form separate male and female groups
  (at school, parties and dinners).
  학교, 파티, 식사 등에 남녀가 따로 어울린다.   74

* Accept public drunkenness.
  사람들 앞에서 술에 취해 있는 것이 용납된다.   75

* Force Americans to sing at gatherings.
  모임에서 미국인들에게 노래하라고 강요한다.   76

VI. ON THE GO
교통예절

* Men sit with their legs outstretched on subways.
  전철에서 남자들이 다리를 벌리고 앉는다.   88

* Drivers try to cut in line in traffic.
  운전자들이 끼어들기를 한다.   89

* Drivers don't yield to pedestrians.
  운전자가 보행자에게 양보하지 않는다.   90

* Drivers don't yield to ambulances, fire trucks, or police cars, even when emergency lights are flashing.
  운전자들이 비상등을 켠 앰뷸런스나 소방차, 경찰차에 양보하지 않는다.   91

* Drivers park illegally and block traffic.
  불법으로 주차하여 교통을 마비시킨다.   92

* Not leave cars in Park.
  주차(P)에 주차해두지 않는다.   93

* Taxi drivers with no passengers sometimes refuse to pick up certain passengers.
  택시 운전자들이 승차를 거부한다.   94

* Buses drive by without stopping.
  버스가 정류장을 그냥 지나쳐 버린다.   95

* Drivers of buses and large trucks act outrageously.
  버스와 대형 트럭의 운전자들이 난폭하게 운전한다.   96

* Deliverymen on scooters don't stop at red lights.
  스쿠터를 타고 다니는 배달원들은 빨간 불도 그냥 지나친다.   97

* Ride motorcycles and scooters on the sidewalk.
  보도 위로 오토바이나 스쿠터를 탄다.   98

VII. 여행예절
TRAVELING KOREANS

* Remove their seat belts and stand up in an airplane immediately upon landing, even though the flight attendants have told the passengers to remain seated.
  승무원의 경고에도 불구하고 비행기가 착륙해서 멈추기도 전에 안전벨트를 풀고 일어선다.   99

* Forget to tip service workers.
  팁 주는 것을 잊어버린다.   100

VIII. MISCELLANEOUS
기타

* Wave to say 'come here' could be 'go away' to an American.
  한국인의 '이리 와'는 미국인에게는 '저리 가'가 된다.   101

* Toilet paper outside the stalls in bathrooms.
  화장지가 화장실 밖에 걸려있는 경우가 있다.   102

* Used Toilet Paper in the Waste Basket.
  화장실에 칸마다 휴지통이 있다.   103

* Turning away the rear view mirror after picking up the passenger is chauffeur's etiquette.
  손님을 태운 후 룸미러를 돌려놓는 것은 기사의 예의이다.   104

* Double parking is frequent owing to lack of space.
  장소가 부족하여 이중주차가 빈번하다.   105

* Have facial expressions that are flat and dull.
  얼굴이 굳어 있고 표정이 없다.   106

* Businesses or offices unlock only one door at the entrance (when there are double doors).
  양쪽으로 열리게 되어있는 출입문을 한쪽만 열어 둔다.   107

* Raise prices because the customer is a foreigner.
  외국인이라는 이유로 물건값을 터무니없이 올린다.   108

* Female janitorial staffs clean the men's room while men are still using it.
  사용 중인 남자 화장실을 여자 청소부가 청소한다.   109

* Public restrooms are used by men and women in common.
  공중화장실이 남녀 공용으로 사용된다.   110

* Public restrooms often do not have toilet paper or paper towels.
  공중화장실에 화장지나 종이 타월이 없는 경우가 자주 있다.   111

● Common American Behavior ●
일반적인 미국인의 행동

I . MANNERS
일상예절

* Beckon someone using the index finger.
  둘째 손가락을 이용해서 사람을 부른다.   114

* Use their index finger to point at someone.
  둘째 손가락으로 사람을 가리킨다.   115

* "Steal" a child's nose in fun and show it to him by placing one's thumb between the index and middle finger.
  어린아이의 코를 떼어간다는 우스개의 의미로 검지와 중지 사이에 엄지를 끼워보인다.   116

* Shake hands too firmly.
  악수를 너무 세게 한다.   117

* Smoke in front of elders.
  연장자 앞에서 담배를 피운다.   118

* Use one hand to give or receive something from elders.
  연장자에게 한 손으로 물건을 주고 받는다.   119

* Wave instead of bow when they encounter a person of higher status.
  상급자에게 인사를 하는 대신 손을 흔든다.   120

* Keep hands in pockets while speaking.
  대화 중에 주머니에 손을 넣고 있다.   121

* Use too much eye contact during conversations.
  대화 중에 너무 빤히 쳐다본다.   122

* Chew gum in social situations: while playing sports, or even conversing.
  운동 중에 심지어는 대화 중에도 껌을 씹는다.   123

* Wear shoes inside the home.
  집 안에서도 신발을 신는다.   124

* Listen to loud music, especially in their cars.
  차 안에서 음악을 크게 틀어놓는다.   125

* Call people (especially elders) by their first names.
  연장자에게도 이름을 부른다.   126

* Praise their family members in public.
  공공연히 가족을 자랑한다.   127

* Look upon all Asians as being of the same race.
  모든 아시아인들을 똑같은 민족이라고 생각한다.   128

* Blow their noses loudly in public.
  사람들 앞에서 큰 소리로 코를 푼다.   129

* Joke around about sexual stuff in public.
  공공 장소에서 야한 농담을 한다.   130

* Are too sensitive to people cutting in line.
  끼어들기에 너무 예민하다.   131

* Eating food on the street is no problem.
  길거리나 공공장소에서 음식을 먹는 것이 자연스럽다.   132

I . DRESS
복장예절

* Wear clothing that doesn't suit well.
  상대방의 이목보다는 자신이 좋아하는 옷을 입는다.   133

* Watch a sporting match or jog while not wearing a shirt.
웃옷을 입지 않고 경기 관람 또는 조깅을 한다.   134

* Wear sports shoes while wearing a suit.
정장을 입을 때도 운동화를 신는다.   135

* Adolescent girls wear make-up.
사춘기 소녀들이 화장을 한다.   136

* Middle-aged and elderly persons wear "youthful" styles or loud colors.
중년이나 노년의 사람들이 발랄한 스타일이나 야한 색깔의 옷을 입는다.   137

III. AT THE OFFICE
사무실 예절

* Do not place a high importance on acquiring a second language in order to receive a better job.
더 나은 직업을 얻기 위해 제2 외국어를 아는 것이 중요하다는 것을 알지 못한다.   138

* Sit with legs crossed in front of a superior.
상급자 앞에서 다리를 꼬고 앉는다.   139

* Put their feet up on a desk or chair in an office.
사무실에서 책상이나 의자에 발을 올려놓는다.   140

* Don't stand up when a superior enters the office.
상사가 사무실에 들어오더라도 일어나지 않는다.   141

* Toss and throw items on the desk of their superiors.
상사의 책상에 던지듯 물건을 내려 놓는다.   142

* Make the sound "Uh-huh" when a superior is speaking.
상사가 얘기하는 중에 "어-허"하는 소리를 낸다.   143

* Cross their arms when talking.
  대화 중에 팔짱을 끼고 있다.   144

* Sit on a table or desk when lecturing.
  강의 중에 테이블이나 책상에 앉는다.   145

* Hold a pen or pencil in their mouths.
  입에 필기 도구를 문다.   146

* Aren't patient when waiting for someone.
  사람을 기다리는 데에 있어서 참을성이 없다.   147

* Speak directly or aggressively.
  직접적, 공격적으로 얘기한다.   148

* When receiving a business card, simply put it in a pocket without really looking at it.
  명함을 받아서 제대로 읽어보지도 않고 주머니에 넣는다.   149

* Complain directly to superiors.
  상사에게 직접 불평을 말한다.   150

* Say "Korean time" to describe being late.
  약속시간에 늦는 것을 "코리언 타임"이라고 한다.   151

* Write a person's name in red.
  빨간색으로 사람 이름을 쓴다.   152

* Don't do anything for free.
  돈을 받지 않고는 아무 일도 하지 않는다.   153

* Joke around a lot while working.
  업무 중에 농담을 많이 한다.   154

* Strictly separate work time and private time.
  업무 시간과 사적인 시간을 지나치게 구분한다.   155

* Take legal action instead of trying to solve serious disputes on a personal level.
  개인적으로 해결 가능한 분쟁에 대해 법적 조치를 취한다.   156

* Express trivial complaints in writing.
  사소한 불만을 서면으로 표현한다.   157

IV. AT THE TABLE
식사예절

* Stick their silverware straight up in a bowl of rice during a meal.
  식사 중에 밥에 수저를 꽂아 둔다.   158

* Aren't willing to try new foods.
  잘 모르는 음식은 먹어 보려고도 하지 않는다.   159

* Take "NO!" as a "NO!" when eating.
  식사할때 예의상의 거절을 액면 그대로 받아들이고 더 이상 권하지 않는다.   160

* Lick their fingers while eating.
  식사 중에 손가락을 핥는다.   161

* If someone fill your glass, leave the glass empty.
  상대방이 채운 잔은 비우는 것이 예의이다.   162

* Fill up someone's glass before it's completely empty.
  술이 남아 있는 잔에 술을 붓는다.   163

* Don't pour drinks for anyone else.
  다른 사람의 잔에 음료수를 따라 주지 않는다.   164

* Begin drinking as soon as their glasses have been filled.
  자신의 잔이 채워지자마자 먼저 마셔 버린다.   165

* Talk too much while eating.
  식사 중에 말을 너무 많이 한다.   166

* Don't offer to share their food.
  음식을 나눠 먹자고 권하지 않는다.   167

V. SOCIALIZING
사교예절

* Talking to strangers in public.
  공공 장소에서 모르는 사람과 쉽게 이야기를 나눈다.   168

* Use sarcasm.
  비꼬는 말을 한다.   169

* Tease others.
  다른 사람을 놀린다.   170

* Flirt too overtly.
  공공연하게 추근댄다.   171

* Brag about themselves.
  자화자찬을 한다.   172

* Speak English too quickly and overuse slang and idioms.
  빠른 영어로 말하면서 속어나 관용구를 남용한다.   173

* Challenge another person's opinions.
  다른 사람의 의견을 공박한다.   174

* Use loud voices, big gestures and exaggerated facial expressions.
  시끄러운 목소리, 큰 제스처, 과장된 얼굴 표정을 한다.   175

* Call a Korean woman by her husband's family name.
  남편의 성으로 한국 여성을 부른다.   176

* Go Dutch.
  자신의 몫만 계산한다.   177

* Are too sensitive about mentioning their age.
  나이를 묻는 질문에 지나치게 민감하다.   178

VI. ON THE GO
교통예절

VII. TRAVELING AMERICANS
여행예절

VIII. MISCELLANEOUS
기타

* Streets all have names and buildings all have addresses.
  모든 거리와 빌딩에 각각의 이름과 주소가 쓰여 있다.   186

* Describe the United States as a "dangerous" place.
  미국을 위험한 곳으로 묘사한다.   187

* Send their elderly parents to a nursing home.
  노부모를 양로원에 보낸다.   188

* Think they are the best simply because they are from the United States.
  미국인이라는 이유만으로 자신들이 최고라고 생각한다.   189

❖ About Dr. Byoung-chul Min ❖

Dr. Byoung-chul Min is one of the best-known intercultural educators in Korea. He received a doctorate in education with an emphasis on teaching English as a Second/Foreign Language from Northern Illinois University (NIU). He was awarded the Outstanding Alumnus of the Year at NIU in April, 2008. He is currently the president of the Sunfull Movement, an international campaign to clean up online message boards to alleviate anonymous derogatory messages and to increase the practice of posting positive messages online. Dr. Min is also a professor at Konkuk University, as well as the head of Konkuk University Language Institute.

Dr. Min designed, developed and implemented various on-offline blended English educational programs for public and corporate sectors. In the public sector, he led various government funded research projects, including the "English special zone" research project for the City of Seocho, Seoul and "How to revamp public English education" research project for the City of Suseong, Daegu. In the corporate sector, he designed and developed customized corporate English training contents for mission critical tasks and trained to-be expatriates for leading companies like Hyundai Kia Motors Company, Shinhan Bank and SK Telecom. He also designed, developed and implemented an on-offline blended English job interview program (PED: Pragmatic English Deliberation) for university students.

For more than 10 years, he had his own English instructional TV programs on major Korean television networks. Dr. Min's key publications include: BCM Practical English Series, which is the all-time best-selling English conversational book in Korea with over 1 million copies sold; Ugly Koreans, Ugly Americans; Ugly Japanese, Ugly Americans; and Ugly Chinese, Ugly Americans. This series of sometimes funny, always serious books provide valuable insight into effective intercultural communication.

❖ 閔 丙 哲 박사 약력 ❖

현 건국대학교 국제학부 교수
현 건국대학교 언어교육원 원장
민병철교육그룹 회장
미 Northern Illinois University 교육학 석 · 박사
(TESL: 외국인을 위한 영어교육/평생교육)

■ 활동분야
실용영어 교육
초 · 중 · 고 · 대학교 및 지방 자치 단체 영어 공교육 자문
인터넷 선플달기운동을 통한 정신문화 시민운동

■ 경 력
현 제주 영어전용타운 자문위원
현 (사) 선플달기국민운동본부 이사장 (www.sunfull.or.kr)
서울 서초구 영어특구 조성 연구과제 총괄 연구책임
대구 수성구 영어공교육 혁신연구과제 총괄 연구책임
"한 중 일 미 러 5개국 국제 대학생 영어 평화포럼" 대회장
"한중일 국제 청소년 즉흥 대화영어 경시대회" 공동 대회장
"한일즉흥실용영어경시대회" 공동 대회장
미국 뉴욕대학교 NYU 초빙학자
MBC-TV, KBS-TV 생활영어 진행

■ 최초로 한일:
서울 서초구, 국내최초 '구립 주민영어센터' 총괄 기획 · 개발 및 운영 (2007) / "선플달기운동" 최초창안 (2007) / "추임새운동" 최초 창안 (2005) / 북한에 생활영어 교육 교재 견본 최초로 증정 (2005) / "한 중 일 미 러 5개국 국제 대학생 영어 평화포럼" 최초 개최 (북경 2005) / "원어민과의 즉흥영어경시대회" 최초 창안 (서울 1994) / "미국 현지촬영생활영어" 비디오 영어교재로는 최초 제작 (시카고 1979)

■ 쓴 책:
100만부 이상 보급된 『민병철 생활영어』, 『민병철 영어발음법』 『New 민병철 생활영어 시리즈』 『Let's Chat 초등영어』 『한미문화비교Ugly Koreans, Ugly Americans』외 다수

■ 받은 상:
2008 미 노던일리노이대학교를 빛낸 동문상 수상

Ugly Koreans, Ugly Americans
어글리 코리언, 어글리 어메리컨

Cultural and behavioral differences
between Koreans and Americans

1993년 6월 25일 초판 인쇄
1993년 7월 1일 초판 발행
1995년 3월 17일 1차 개정판 발행
1998년 4월 23일 2차 개정판 발행
2004년 3월 17일 3차 개정판 발행
2010년 11월 16일 4차 개정판 발행
2011년 1월 5일 4차 개정판 3쇄 발행
2012년 2월 15일 4차 개정판 4쇄 발행

저   자 : 민병철
등록번호 : 제321-2010-079호
등 록 일 : 2010년 4월 8일
발 행 인 : 송준태
발 행 처 : (주)민병철스피킹웍스
          서울시 서초구 서초동 1305-7 유창빌딩 7층
          Tel: (02) 567-0644
          Fax: (02) 552-9169
          E-mail: knowell@spworks.co.kr

  ISBN : 978-89-7512-321-4